GUIDE DE
CONVERSATION
— ALLEMAND —

LES PHRASES
LES PLUS
UTILES

Ce guide de conversation
contient les phrases et
les questions les plus
communes et nécessaires
pour communiquer avec
des étrangers

Par Andrey Taranov

Guide de conversation Français-Allemand et mini dictionnaire de 250 mots

Par Andrey Taranov

La collection de guides de conversation "Tout ira bien!", publiée par T&P Books, est conçue pour les gens qui voyagent par affaire ou par plaisir. Les guides contiennent l'essentiel pour la communication de base. Il s'agit d'une série indispensable de phrases pour "survivre" à l'étranger.

Vous trouverez aussi un mini dictionnaire de 250 mots utiles, nécessaire à la communication quotidienne - le nom des mois, des jours, les unités de mesure, les membres de la famille, et plus encore.

T&P Books Publishing
www.tpbooks.com

ISBN: 978-1-78492-517-8   ˉ

Ce livre existe également en format électronique.
Pour plus d'informations, veuillez consulter notre site: www.tpbooks.com
ou rendez-vous sur ceux des grandes librairies en ligne.

PRÉFACE

La collection de guides de conversation "Tout ira bien!", publié par T&P Books, est conçue pour les gens qui voyagent par affaire ou par plaisir. Les guides de conversations contiennent le plus important - l'essentiel pour la communication de base. Il s'agit d'une série indispensable de phrases pour survivre à l'étranger.

Ce guide de conversation vous aidera dans la plupart des cas où vous devez demander quelque chose, trouver une direction, découvrir le prix d'un souvenir, etc. Il peut aussi résoudre des situations de communication difficile lorsque la gesticulation n'aide pas.

Ce livre contient beaucoup de phrases qui ont été groupées par thèmes. Vous trouverez aussi un mini dictionnaire avec des mots utiles - les nombres, le temps, le calendrier, les couleurs...

Emmenez avec vous un guide de conversation "Tout ira bien!" sur la route et vous aurez un compagnon de voyage irremplaçable qui vous aidera à vous sortir de toutes les situations et vous enseignera à ne pas avoir peur de parler aux étrangers.

TABLE DES MATIÈRES

T&P Books Publishing

PRONONCIATION

Alphabet phonétique T&P	Exemple en allemand	Exemple en français

Voyelles

[a]	Blatt	classe
[ɐ]	Meister	classe
[e]	Melodie	équipe
[ɛ]	Herbst	faire
[ə]	Leuchte	record
[ɔ]	Knopf	robinet
[o]	Operette	normal
[œ]	Förster	neuf
[ø]	nötig	peu profond
[æ]	Los Angeles	maire
[i]	Spiel	stylo
[ɪ]	Absicht	capital
[ʊ]	Skulptur	groupe
[u]	Student	boulevard
[y]	Pyramide	Portugal
[ʏ]	Eukalyptus	Portugal

Consonnes

[b]	Bibel	bureau
[d]	Dorf	document
[f]	Elefant	formule
[ʒ]	Ingenieur	jeunesse
[dʒ]	Jeans	adjoint
[j]	Interview	maillot
[g]	August	gris
[h]	Haare	[h] aspiré
[ç]	glücklich	human
[x]	Kochtopf	scots - nicht, allemand - Dach
[k]	Kaiser	bocal

Alphabet phonétique T&P	Exemple en allemand	Exemple en français
[l]	Verlag	vélo
[m]	Messer	minéral
[n]	Norden	ananas
[ŋ]	Onkel	parking
[p]	Gespräch	panama
[r]	Force majeure	racine, rouge
[ʁ]	Kirche	R vibrante
[ʀ]	fragen	[r] vibrante
[s]	Fenster	syndicat
[t]	Foto	tennis
[ts]	Gesetz	gratte-ciel
[ʃ]	Anschlag	chariot
[ʧ]	Deutsche	match
[w]	Sweater	iguane
[v]	Antwort	rivière
[z]	langsam	gazeuse

Diphtongues

[aɪ]	Speicher	mosaïque
[ɪa]	Miniatur	caviar
[ɪo]	Radio	pavillon
[jo]	Illustration	pavillon
[ɔɪ]	feucht	coyote
[ɪe]	Karriere	conseiller

Symboles additionnels

[']	['a:bə]	accent primaire
[ˌ]	['dɛŋkˌmaːl]	accent secondaire
[ʔ]	[o'liːvənˌʔøːl]	coup de glotte
[ː]	['myːlə]	indique la longueur de la voyelle
[·]	['ʀaɪzə·byˌʀoː]	point médian

LISTE DES ABRÉVIATIONS

Abréviations en français

adj	-	adjective
adv	-	adverbe
anim.	-	animé
conj	-	conjonction
dénombr.	-	dénombrable
etc.	-	et cetera
f	-	nom féminin
f pl	-	féminin pluriel
fam.	-	familiar
fem.	-	féminin
form.	-	formal
inanim.	-	inanimé
indénombr.	-	indénombrable
m	-	nom masculin
m pl	-	masculin pluriel
m, f	-	masculin, féminin
masc.	-	masculin
math	-	mathematics
mil.	-	militaire
pl	-	pluriel
prep	-	préposition
pron	-	pronom
qch	-	quelque chose
qn	-	quelqu'un
sing.	-	singulier
v aux	-	verbe auxiliaire
v imp	-	verbe impersonnel
vi	-	verbe intransitif
vi, vt	-	verbe intransitif, transitif
vp	-	verbe pronominal
vt	-	verbe transitif

Abréviations en allemand

f	-	nom féminin
f pl	-	féminin pluriel

f, n	-	féminin, neutre
m	-	nom masculin
m pl	-	masculin pluriel
m, f	-	masculin, féminin
m, n	-	masculin, neutre
n	-	neutre
n pl	-	neutre pluriel
pl	-	pluriel
v mod	-	verbe modal
vi	-	verbe intransitif
vi, vt	-	verbe intransitif, transitif
vt	-	verbe transitif

GUIDE DE CONVERSATION ALLEMAND

Cette section contient
des phrases importantes
qui peuvent être utiles dans
des situations courantes.
Le guide vous aidera
à demander des directions,
clarifier le prix, acheter
des billets et commander
des plats au restaurant

T&P Books Publishing

CONTENU DU GUIDE DE CONVERSATION

T&P Books Publishing

Excusez-moi, ...

Entschuldigen Sie bitte, ...
[ɛnt'ʃʊldɪgən zi: 'bɪtə, ...]

Bonjour

Hallo.
[ha'loː]

Merci

Danke.
['daŋkə]

Au revoir

Auf Wiedersehen.
[aʊf 'viːdəˌzeːən]

Oui

Ja.
[jaː]

Non

Nein.
[naɪn]

Je ne sais pas.

Ich weiß nicht.
[ɪç vaɪs nɪçt]

Où? (~ es-tu?) | Où? (~ vas-tu?) |
Quand?

Wo? | Wohin? | Wann?
[voː? | vo'hɪn? | van?]

J'ai besoin de ...

Ich brauche ...
[ɪç 'bʀaʊχə ...]

Je veux ...

Ich möchte ...
[ɪç 'mœçtə ...]

Avez-vous ... ?

Haben Sie ...?
['haːbən zi: ...?]

Est-ce qu'il y a ... ici?

Gibt es hier ...?
[giːpt ɛs 'hiːɐ ...?]

Puis-je ... ?

Kann ich ...?
[kan ɪç ...?]

s'il vous plaît (pour une demande)

Bitte
['bɪtə]

Je cherche ...

Ich suche ...
[ɪç 'zuːχə ...]

les toilettes

Toilette
[toa'lɛtə]

un distributeur

Geldautomat
['gɛlt?'aʊtoˌmaːt]

une pharmacie

Apotheke
[apo'teːkə]

l'hôpital

Krankenhaus
['kʀaŋkənˌhaʊs]

le commissariat de police

Polizeistation
[poli'tsaɪ·ʃtaˌtsjoːn]

une station de métro

U-Bahn
['uːbaːn]

un taxi	**Taxi** ['taksi]
la gare	**Bahnhof** ['baːnˌhoːf]

Je m'appelle ...	**Ich heiße ...** [ɪç 'haɪsə ...]
Comment vous appelez-vous?	**Wie heißen Sie?** [viː 'haɪsən ziː?]
Aidez-moi, s'il vous plaît.	**Helfen Sie mir bitte.** ['hɛlfən ziː miːɐ 'bɪtə]
J'ai un problème.	**Ich habe ein Problem.** [ɪç 'haːbə aɪn pʀo'bleːm]
Je ne me sens pas bien.	**Mir ist schlecht.** [miːɐ ɪs ʃlɛçt]
Appelez une ambulance!	**Rufen Sie einen Krankenwagen!** ['ʀuːfən ziː 'aɪnən 'kʀaŋkənˌvaːgən!]
Puis-je faire un appel?	**Darf ich telefonieren?** [daʀf ɪç telefo'niːʀən?]

Excusez-moi.	**Entschuldigung.** [ɛnt'ʃʊldɪgʊŋ]
Je vous en prie.	**Keine Ursache.** ['kaɪnə 'uːɐˌzaχə]

je, moi	**ich** [ɪç]
tu, toi	**du** [duː]
il	**er** [eːɐ]
elle	**sie** [ziː]
ils	**sie** [ziː]
elles	**sie** [ziː]
nous	**wir** [viːɐ]
vous	**ihr** [iːɐ]
Vous	**Sie** [ziː]

ENTRÉE	**EINGANG** ['aɪnˌgaŋ]
SORTIE	**AUSGANG** ['aʊsˌgaŋ]
HORS SERVICE | EN PANNE	**AUßER BETRIEB** [ˌaʊsɐ bə'tʀiːp]
FERMÉ	**GESCHLOSSEN** [gə'ʃlɔsən]

OUVERT	**OFFEN** ['ɔfən]
POUR LES FEMMES	**FÜR DAMEN** [fyːɐ 'damən]
POUR LES HOMMES	**FÜR HERREN** [fyːɐ 'hɛʀən]

Questions

Où? (lieu)	**Wo?** [vo:?]
Où? (direction)	**Wohin?** [voˈhɪn?]
D'où?	**Woher?** [voˈheːɐ?]
Pourquoi?	**Warum?** [vaˈʀʊm?]
Pour quelle raison?	**Wozu?** [voˈtsuː?]
Quand?	**Wann?** [van?]

Combien de temps?	**Wie lange?** [viː ˈlaŋə?]
À quelle heure?	**Um wie viel Uhr?** [ʊm viː fiːl uːɐ?]
C'est combien?	**Wie viel?** [viː fiːl?]
Avez-vous ... ?	**Haben Sie ...?** [ˈhaːbən ziː ...?]
Où est ..., s'il vous plaît?	**Wo befindet sich ...?** [vo: bəˈfɪndət zɪç ...?]

Quelle heure est-il?	**Wie spät ist es?** [viː ʃpɛːt ist ɛs?]
Puis-je faire un appel?	**Darf ich telefonieren?** [daʁf ɪç telefoˈniːʀən?]
Qui est là?	**Wer ist da?** [veːɐ ist daː?]
Puis-je fumer ici?	**Darf ich hier rauchen?** [daʁf ɪç ˈhiːɐ ˈʀaʊχən?]
Puis-je ...?	**Darf ich ...?** [daʁf ɪç ...?]

Besoins

Je voudrais …	**Ich hätte gerne …** [ɪç 'hɛtə 'gɛʁnə …]
Je ne veux pas …	**Ich will nicht …** [ɪç vɪl nɪçt …]
J'ai soif.	**Ich habe Durst.** [ɪç 'ha:bə duʁst]
Je veux dormir.	**Ich möchte schlafen.** [ɪç 'mœçtə 'ʃla:fən]
Je veux …	**Ich möchte …** [ɪç 'mœçtə …]
me laver	**abwaschen** [ap'vaʃən]
brosser mes dents	**meine Zähne putzen** ['maɪnə 'tsɛ:nə 'pʊtsən]
me reposer un instant	**eine Weile ausruhen** ['aɪnə 'vaɪlə 'aʊsˌʁu:ən]
changer de vêtements	**meine Kleidung wechseln** ['maɪnə 'klaɪdʊŋ 'vɛksəln]
retourner à l'hôtel	**zurück ins Hotel gehen** [tsu'ʁʏk ɪns ho'tɛl 'ge:ən]
acheter …	**… kaufen** [… 'kaʊfən]
aller à …	**… gehen** [… 'ge:ən]
visiter …	**… besuchen** [… bə'zuxən]
rencontrer …	**… treffen** [… 'tʁɛfən]
faire un appel	**einen Anruf tätigen** ['aɪnən 'anˌʁu:f 'tɛ:tɪgən]
Je suis fatigué /fatiguée/	**Ich bin müde.** [ɪç bɪn 'my:də]
Nous sommes fatigués /fatiguées/	**Wir sind müde.** [vi:ɐ zɪnt 'my:də]
J'ai froid.	**Mir ist kalt.** [mi:ɐ ɪs kalt]
J'ai chaud.	**Mir ist heiß.** [mi:ɐ ɪs haɪs]
Je suis bien.	**Mir passt es.** [mi:ɐ past ɛs]

Il me faut faire un appel.

Ich muss telefonieren.
[ɪç mʊs telefo'niːʁən]

J'ai besoin d'aller aux toilettes.

Ich muss auf die Toilette.
[ɪç mʊs 'aʊf di toa'lɛtə]

Il faut que j'aille.

Ich muss gehen.
[ɪç mʊs 'geːən]

Je dois partir maintenant.

Ich muss jetzt gehen.
[ɪç mʊs jɛtst 'geːən]

Comment demander la direction

Excusez-moi, ...

Entschuldigen Sie bitte, ...
[ɛntˈʃuldɪgən ziː ˈbɪtə, ...]

Où est ..., s'il vous plaît?

Wo befindet sich ...?
[voː bəˈfɪndət zɪç ...?]

Dans quelle direction est ... ?

Welcher Weg ist ...?
[ˈvɛlçɐ veːk ist ...?]

Pouvez-vous m'aider, s'il vous plaît ?

Könnten Sie mir bitte helfen?
[ˈkœntən ziː miːɐ ˈbɪtə ˈhɛlfən?]

Je cherche ...

Ich suche ...
[ɪç ˈzuːχə ...]

La sortie, s'il vous plaît?

Ich suche den Ausgang.
[ɪç ˈzuːχə den ˈaʊsˌgaŋ]

Je vais à ...

Ich fahre nach ...
[ɪç ˈfaːʁə naːχ ...]

C'est la bonne direction pour ...?

Gehe ich richtig nach ...?
[ˈgeːə ɪç ˈʁɪçtɪç naːχ ...?]

C'est loin?

Ist es weit?
[ist ɛs vaɪt?]

Est-ce que je peux y aller à pied?

Kann ich dort zu Fuß hingehen?
[kan ɪç dɔʁt tsu fuːs ˈhɪnˌgeːən?]

Pouvez-vous me le montrer sur la carte?

Können Sie es mir auf der Karte zeigen?
[ˈkœnən ziː ɛs miːɐ aʊf deːɐ ˈkaʁtə ˈtsaɪgən?]

Montrez-moi où sommes-nous, s'il vous plaît.

Zeigen Sie mir wo wir gerade sind.
[ˈtsaɪgən ziː miːɐ voː viːɐ gəˈʁaːdə zɪnt]

Ici

Hier
[ˈhiːɐ]

Là-bas

Dort
[dɔʁt]

Par ici

Hierher
[ˈhiːɐˈheːɐ]

Tournez à droite.

Biegen Sie rechts ab.
[ˈbiːgən ziː ʁɛçts ap]

Tournez à gauche.

Biegen Sie links ab.
[ˈbiːgən ziː lɪŋks ap]

Prenez la première (deuxième, troisième) rue.

erste (zweite, dritte) Abzweigung
[ˈɛʁstə (ˈtsvaɪtə, ˈdʁɪtə) ˈapˌtsvaɪguŋ]

à droite

nach rechts
[naːχ ʁɛçts]

à gauche

nach links
[naːχ lɪŋks]

Continuez tout droit.

Laufen Sie geradeaus.
[ˈlaʊfən ziː ɡəʀaːdəˈʔaʊs]

Affiches, Pancartes

BIENVENUE!	**HERZLICH WILLKOMMEN!** ['hɛʁtslɪç vɪl'kɔmən!]
ENTRÉE	**EINGANG** ['aɪn‚gaŋ]
SORTIE	**AUSGANG** ['aʊs‚gaŋ]
POUSSEZ	**DRÜCKEN** ['dʁʏkən]
TIREZ	**ZIEHEN** ['tsiːən]
OUVERT	**OFFEN** ['ɔfən]
FERMÉ	**GESCHLOSSEN** [gə'ʃlɔsən]
POUR LES FEMMES	**FÜR DAMEN** [fyːɐ 'damən]
POUR LES HOMMES	**FÜR HERREN** [fyːɐ 'hɛʁən]
MESSIEURS	**HERREN-WC** ['hɛʁən-ve'tseː]
FEMMES	**DAMEN-WC** ['daːmən-ve'tseː]
RABAIS | SOLDES	**RABATT | REDUZIERT** [ʁa'bat | ʁedu'tsiːɐt]
PROMOTION	**AUSVERKAUF** ['aʊsfɛɐ‚kaʊf]
GRATUIT	**GRATIS** ['gʁaːtɪs]
NOUVEAU!	**NEU!** [nɔɪ!]
ATTENTION!	**ACHTUNG!** ['aχtʊŋ!]
COMPLET	**KEINE ZIMMER FREI** ['kaɪnə 'tsɪmɐ fʁaɪ]
RÉSERVÉ	**RESERVIERT** [ʁezɛɐ'viːɐt]
ADMINISTRATION	**VERWALTUNG** [fɛɐ'valtʊŋ]
PERSONNEL SEULEMENT	**NUR FÜR PERSONAL** [nuːɐ fyːɐ pɛʁzo'naːl]

ATTENTION AU CHIEN!

BISSIGER HUND
['bɪsɪgɐ hʊnt]

NE PAS FUMER!

RAUCHEN VERBOTEN
['ʀaʊχən fɛɐ'boːtən]

NE PAS TOUCHER!

NICHT ANFASSEN!
[nɪçt 'anfasən!]

DANGEREUX

GEFÄHRLICH
[gə'fɛːɐlɪç]

DANGER

GEFAHR
[gə'faːɐ]

HAUTE TENSION

HOCHSPANNUNG
['hoːχˌʃpanʊŋ]

BAIGNADE INTERDITE!

BADEN VERBOTEN
['baːdən fɛɐ'boːtən]

HORS SERVICE | EN PANNE

AUßER BETRIEB
[ˌaʊsɐ bə'tʀiːp]

INFLAMMABLE

LEICHTENTZÜNDLICH
['laɪçt?ɛn'tsʏntlɪç]

INTERDIT

VERBOTEN
[fɛɐ'boːtən]

ENTRÉE INTERDITE!

DURCHGANG VERBOTEN
['dʊʀçˌgaŋ fɛɐ'boːtən]

PEINTURE FRAÎCHE

FRISCH GESTRICHEN
[fʀɪʃ gə'ʃtʀɪçən]

FERMÉ POUR TRAVAUX

WEGEN RENOVIERUNG GESCHLOSSEN
['veːgən ʀeno'viːʀʊŋ gə'ʃlosən]

TRAVAUX EN COURS

ACHTUNG BAUARBEITEN
['aχtʊŋ 'baʊʔaʁˌbaɪtən]

DÉVIATION

UMLEITUNG
['ʊmˌlaɪtʊŋ]

Transport - Phrases générales

avion	**Flugzeug** ['fluːkˌtsɔɪk]
train	**Zug** [tsuːk]
bus, autobus	**Bus** [bʊs]
ferry	**Fähre** ['fɛːʀə]
taxi	**Taxi** ['taksi]
voiture	**Auto** ['aʊto]

horaire	**Zeitplan** ['tsaɪtˌplaːn]
Où puis-je voir l'horaire?	**Wo kann ich den Zeitplan sehen?** [voː kan ɪç den 'tsaɪtˌplaːn 'zeːən?]
jours ouvrables	**Arbeitstage** ['aʀbaɪtsˌtaːgə]
jours non ouvrables	**Wochenenden** ['vɔχənˌʔɛndən]
jours fériés	**Ferien** ['feːʀɪən]

DÉPART	**ABFLUG** ['apfluːk]
ARRIVÉE	**ANKUNFT** ['ankʊnft]
RETARDÉE	**VERSPÄTET** [fɛɐ'ʃpɛːtət]
ANNULÉE	**GESTRICHEN** [gə'ʃtʀɪçən]

prochain	**nächster** ['nɛːçstə]
premier	**erster** ['eːɐstə]
dernier	**letzter** ['lɛtstə]

À quelle heure est le prochain ...?	**Wann kommt der nächste ...?** [van kɔmt deːɐ 'nɛːçstə ...?]
À quelle heure est le premier ...?	**Wann kommt der erste ...?** [van kɔmt deːɐ 'ɛʀstə ...?]

À quelle heure est le dernier ...?

Wann kommt der letzte ...?
[van kɔmt deːɐ 'lɛtstə ...?]

correspondance

Transfer
[tʀans'feːɐ]

prendre la correspondance

einen Transfer machen
['aɪnən tʀans'feːɐ 'maχən]

Dois-je prendre la correspondance?

Muss ich einen Transfer machen?
[mʊs ɪç 'aɪnən tʀans'feːɐ 'maχən?]

Acheter un billet

Où puis-je acheter des billets?
Wo kann ich Fahrkarten kaufen?
[vo: kan ɪç 'faːɐ̯ˌkaʁtən 'kaʊfən?]

billet
Fahrkarte
['faːɐ̯ˌkaʁtə]

acheter un billet
Eine Fahrkarte kaufen
[aɪnə 'faːɐ̯ˌkaʁtə 'kaʊfən]

le prix d'un billet
Fahrpreis
['faːɐ̯ˌpʀaɪs]

Pour aller où?
Wohin?
[vo'hɪn?]

Quelle destination?
Welche Station?
['vɛlçə ʃta'tsjoːn?]

Je voudrais …
Ich brauche …
[ɪç 'bʀaʊχə …]

un billet
eine Fahrkarte
[aɪnə 'faːɐ̯ˌkaʁtə]

deux billets
zwei Fahrkarten
[tsvaɪ 'faːɐ̯ˌkaʁtən]

trois billets
drei Fahrkarten
[dʀaɪ 'faːɐ̯ˌkaʁtən]

---

aller simple
in eine Richtung
[ɪn 'aɪnə 'ʀɪçtʊŋ]

aller-retour
hin und zurück
[hɪn ʊnt tsu'ʀʏk]

première classe
erste Klasse
['ɛʁstə 'klasə]

classe économique
zweite Klasse
['tsvaɪtə 'klasə]

---

aujourd'hui
heute
['hɔɪtə]

demain
morgen
['mɔʁgən]

après-demain
übermorgen
['yːbɐˌmɔʁgən]

dans la matinée
am Vormittag
[am 'foːɐ̯mɪtaːk]

l'après-midi
am Nachmittag
[am 'naːχmɪˌtaːk]

dans la soirée
am Abend
[am 'aːbənt]

siège côté couloir	**Gangplatz** ['gaŋ‚plats]
siège côté fenêtre	**Fensterplatz** ['fɛnstɐ‚plats]
C'est combien?	**Wie viel?** [viː fiːl?]
Puis-je payer avec la carte?	**Kann ich mit Karte zahlen?** [kan ɪç mɪt 'kaʁtə 'tsaːlən?]

L'autobus

bus, autobus	**Bus** [bʊs]
autocar	**Fernbus** ['fɛʁnbʊs]
arrêt d'autobus	**Bushaltestelle** ['bʊshaltəˌʃtɛlə]
Où est l'arrêt d'autobus le plus proche?	**Wo ist die nächste Bushaltestelle?** [vo: ist di 'nɛ:çstə 'bʊshaltəˌʃtɛlə?]

numéro	**Nummer** ['nʊmɐ]
Quel bus dois-je prendre pour aller à ...?	**Welchen Bus nehme ich um nach ... zu kommen?** ['vɛlçən bʊs 'ne:mə ɪç ʊm na:χ ... tsu 'kɔmən?]
Est-ce que ce bus va à ...?	**Fährt dieser Bus nach ...?** [fɛ:ɐt 'di:zɐ bʊs na:χ ...?]
L'autobus passe tous les combien?	**Wie oft fahren die Busse?** [vi: ɔft 'fa:ʁən di 'bʊsə?]

chaque quart d'heure	**alle fünfzehn Minuten** [alə 'fʏnftse:n mi'nu:tən]
chaque demi-heure	**jede halbe Stunde** ['je:də 'halbə 'ʃtʊndə]
chaque heure	**jede Stunde** ['je:də 'ʃtʊndə]
plusieurs fois par jour	**mehrmals täglich** ['me:ɐma:ls 'tɛ:klɪç]
... fois par jour	**... Mal am Tag** [... mal am ta:k]

horaire	**Zeitplan** ['tsaɪtˌpla:n]
Où puis-je voir l'horaire?	**Wo kann ich den Zeitplan sehen?** [vo: kan ɪç den 'tsaɪtˌpla:n 'ze:ən?]

À quelle heure passe le prochain bus?	**Wann kommt der nächste Bus?** [van kɔmt de:ɐ 'nɛ:çstə bʊs?]
À quelle heure passe le premier bus?	**Wann kommt der erste Bus?** [van kɔmt de:ɐ 'ɛʁstə bʊs?]
À quelle heure passe le dernier bus?	**Wann kommt der letzte Bus?** [van kɔmt de:ɐ 'lɛtstə bʊs?]

arrêt

Halt
[halt]

prochain arrêt

nächster Halt
['nɛːçstə halt]

terminus

letzter Halt
['lɛtstə halt]

Pouvez-vous arrêter ici, s'il vous plaît.

Halten Sie hier bitte an.
[haltən ziː 'hiːɐ 'bɪtə an]

Excusez-moi, c'est mon arrêt.

**Entschuldigen Sie mich,
dies ist meine Haltestelle.**
[ɛnt'ʃʊldɪgən ziː mɪç,
diːs ist maɪnə 'haltəʃtɛlə]

Train

train	**Zug** [tsuːk]
train de banlieue	**S-Bahn** [ˈɛsˌbaːn]
train de grande ligne	**Fernzug** [ˈfɛʁnˌtsuːk]
la gare	**Bahnhof** [ˈbaːnˌhoːf]
Excusez-moi, où est la sortie vers les quais?	**Entschuldigen Sie bitte,** **wo ist der Ausgang zum Bahngleis?** [ɛntˈʃʊldɪɡən ziː ˈbɪtə, voː ist deːɐ ˈaʊsɡaŋ tsʊm ˈbaːnˌɡlaɪs?]

Est-ce que ce train va à …?	**Fährt dieser Zug nach …?** [fɛːɐt ˈdiːzɐ tsuːk naːχ …?]
le prochain train	**nächster Zug** [ˈnɛːçstɐ tsuːk]
À quelle heure est le prochain train?	**Wann kommt der nächste Zug?** [van kɔmt deːɐ ˈnɛːçstə tsuːk?]
Où puis-je voir l'horaire?	**Wo kann ich den Zeitplan sehen?** [voː kan ɪç den ˈtsaɪtˌplaːn ˈzeːən?]
De quel quai?	**Von welchem Bahngleis?** [fɔn ˈvɛlχəm ˈbaːnˌɡlaɪs?]
À quelle heure arrive le train à …?	**Wann kommt der Zug in … an?** [van kɔmt deːɐ tsuːk ɪn … an?]

Pouvez-vous m'aider, s'il vous plaît?	**Helfen Sie mir bitte.** [ˈhɛlfən ziː miːɐ ˈbɪtə]
Je cherche ma place.	**Ich suche meinen Platz.** [ɪç ˈzuːχə ˈmaɪnən plats]
Nous cherchons nos places.	**Wir suchen unsere Plätze.** [viːɐ ˈzuːχən ˈʊnzərə ˈplɛtsə]

Ma place est occupée.	**Unser Platz ist besetzt.** [ˈʊnzɐ plats ist bəˈzɛtst]
Nos places sont occupées.	**Unsere Plätze sind besetzt.** [ˈʊnzərə ˈplɛtsə zɪnt bəˈzɛtst]
Excusez-moi, mais c'est ma place.	**Entschuldigen Sie,** **aber das ist mein Platz.** [ɛntˈʃʊldɪɡən ziː, ˈaːbɐ das ist maɪn plats]

Est-ce que cette place est libre?

Ist der Platz frei?
[ist deːɐ plats fʀaɪ?]

Puis-je m'asseoir ici?

Darf ich mich hier setzen?
[daʀf ɪç mɪç 'hiːɐ 'zɛtsən?]

Sur le train - Dialogue (Pas de billet)

Votre billet, s'il vous plaît.

Fahrkarte bitte.
['fa:ɐˌkaʁtə 'bɪtə]

Je n'ai pas de billet.

Ich habe keine Fahrkarte.
[ɪç 'ha:bə kaɪnə 'fa:ɐˌkaʁtə]

J'ai perdu mon billet.

Ich habe meine Fahrkarte verloren.
[ɪç 'ha:bə maɪnə 'fa:ɐˌkaʁtə fɛɐ'lo:ʁən]

J'ai oublié mon billet à la maison.

Ich habe meine Fahrkarte zuhause vergessen.
[ɪç 'ha:bə maɪnə 'fa:ɐˌkaʁtə tsu'haʊzə fɛɐ'gɛsən]

Vous pouvez m'acheter un billet.

Sie können von mir eine Fahrkarte kaufen.
[zi: 'kœnən fɔn mi:ɐ 'aɪnə 'fa:ɐˌkaʁtə 'kaʊfən]

Vous devrez aussi payer une amende.

Sie werden auch eine Strafe zahlen.
[zi: 've:ɐdən aʊχ 'aɪnə 'ʃtʁa:fə 'tsa:lən]

D'accord.

Gut.
[gu:t]

Où allez-vous?

Wohin fahren Sie?
[vo'hɪn 'fa:ʁən zi:?]

Je vais à ...

Ich fahre nach ...
[ɪç 'fa:ʁə na:χ ...]

Combien? Je ne comprend pas.

Wie viel? Ich verstehe nicht.
[vi: fi:l? ɪç fɛɐ'ʃte:ə nɪçt]

Pouvez-vous l'écrire, s'il vous plaît.

Schreiben Sie es bitte auf.
['ʃʁaɪbən zi: ɛs 'bɪtə aʊf]

D'accord. Puis-je payer avec la carte?

Gut. Kann ich mit Karte zahlen?
[gu:t. kan ɪç mɪt 'kaʁtə 'tsa:lən?]

Oui, bien sûr.

Ja, das können Sie.
[ja:, das 'kœnən zi:]

Voici votre reçu.

Hier ist ihre Quittung.
['hi:ɐ ist 'i:ʁə 'kvɪtʊŋ]

Désolé pour l'amende.

Tut mir leid wegen der Strafe.
[tu:t mi:ɐ laɪt 've:gən de:ɐ 'ʃtʁa:fə]

Ça va. C'est de ma faute.

Das ist in Ordnung.
Es ist meine Schuld.
[das is ɪn 'ɔʁdnʊŋ.
ɛs ist 'maɪnə ʃʊlt]

Bon voyage.

Genießen Sie Ihre Fahrt.
[gə'ni:sən zi: 'i:ʁə fa:ɐt]

Taxi

taxi	**Taxi** ['taksi]
chauffeur de taxi	**Taxifahrer** ['taksiˌfaːʀɐ]
prendre un taxi	**Ein Taxi nehmen** [aɪn 'taksi 'neːmən]
arrêt de taxi	**Taxistand** ['taksiˌʃtant]
Où puis-je trouver un taxi?	**Wo kann ich ein Taxi bekommen?** [voː kan ɪç aɪn 'taksi be'kɔmən?]
appeler un taxi	**Ein Taxi rufen** [aɪn 'taksi 'ʀuːfən]
Il me faut un taxi.	**Ich brauche ein Taxi.** [ɪç 'bʀauχə aɪn 'taksi]
maintenant	**Jetzt sofort.** [jɛtst zoˈfoʁt]
Quelle est votre adresse?	**Wie ist Ihre Adresse?** [vi ist 'iːʀə aˈdʀɛsə?]
Mon adresse est …	**Meine Adresse ist …** ['maɪnə aˈdʀɛsə ist …]
Votre destination?	**Ihr Ziel?** [iːɐ tsiːl?]
Excusez-moi, …	**Entschuldigen Sie bitte, …** [ɛntˈʃuldɪgən ziː 'bɪtə, …]
Vous êtes libre ?	**Sind Sie frei?** [zɪnt ziː fʀaɪ?]
Combien ça coûte pour aller à …?	**Was kostet die Fahrt nach …?** [vas 'koːstət di faːɐt naχ …?]
Vous savez où ça se trouve?	**Wissen Sie wo es ist?** ['vɪsən ziː voː ɛs 'ist?]
À l'aéroport, s'il vous plaît.	**Flughafen, bitte.** ['fluːkˌhaːfən, 'bɪtə]
Arrêtez ici, s'il vous plaît.	**Halten Sie hier bitte an.** [haltən ziː 'hiːɐ 'bɪtə an]
Ce n'est pas ici.	**Das ist nicht hier.** [das is nɪçt 'hiːɐ]
C'est la mauvaise adresse.	**Das ist die falsche Adresse.** [das is di: 'falʃə aˈdʀɛsə]
tournez à gauche	**nach links** [naːχ lɪŋks]
tournez à droite	**nach rechts** [naːχ ʀɛçts]

Combien je vous dois?

Was schulde ich Ihnen?
[vas 'ʃuldə ɪç 'iːnən?]

J'aimerais avoir un reçu, s'il vous plaît.

**Ich würde gerne
ein Quittung haben, bitte.**
[ɪç 'vʏʁdə 'gɛʁnə
aɪn 'kvɪtʊŋ 'haːbən, 'bɪtə]

Gardez la monnaie.

Stimmt so.
[ʃtɪmt zoː]

Attendez-moi, s'il vous plaît ...

Warten Sie auf mich bitte.
['vaʁtən ziː 'aʊf mɪç 'bɪtə]

cinq minutes

fünf Minuten
[fʏnf mi'nuːtən]

dix minutes

zehn Minuten
[tseːn mi'nuːtən]

quinze minutes

fünfzehn Minuten
['fʏnftseːn mi'nuːtən]

vingt minutes

zwanzig Minuten
['tsvantsɪç mi'nuːtən]

une demi-heure

eine halbe Stunde
['aɪnə 'halbə 'ʃtʊndə]

Hôtel

Bonjour.	**Guten Tag.** [ˌɡutən 'taːk]
Je m'appelle …	**Mein Name ist …** [maɪn 'naːmə ist …]
J'ai réservé une chambre.	**Ich habe eine Reservierung.** [ɪç 'haːbɛ 'aɪnə ʀɛzɛʀ'viːʀʊŋ]

Je voudrais …	**Ich brauche …** [ɪç 'bʀaʊχə …]
une chambre simple	**ein Einzelzimmer** [aɪn 'aɪntsəlˌtsɪmə]
une chambre double	**ein Doppelzimmer** [aɪn 'dɔpəlˌtsɪmə]
C'est combien?	**Wie viel kostet das?** [viː fiːl 'kɔstət das?]
C'est un peu cher.	**Das ist ein bisschen teuer.** [das is aɪn 'bɪsçən 'tɔɪe]

Avez-vous autre chose?	**Haben Sie sonst noch etwas?** ['haːbən ziː zɔnst nɔχ 'ɛtvas?]
Je vais la prendre.	**Ich nehme es.** [ɪç 'neːmə ɛs]
Je vais payer comptant.	**Ich zahle bar.** [ɪç 'tsaːlə baːɐ]

J'ai un problème.	**Ich habe ein Problem.** [ɪç 'haːbə aɪn pʀo'bleːm]
Mon … est cassé.	**… ist kaputt.** [… ɪst ka'pʊt]
Mon … ne fonctionne pas.	**… ist außer Betrieb.** [… ɪst 'aʊsə bə'tʀiːp]
télé	**Mein Fernseher** [maɪn 'fɛʀnˌzeːe]
air conditionné	**Meine Klimaanlage** [maɪnə 'kliːmaˌʔanlaːgə]
robinet	**Mein Wasserhahn** [maɪn 'vasɐˌhaːn]

douche	**Meine Dusche** [maɪnə 'duːʃə]
évier	**Mein Waschbecken** [maɪn 'vaʃˌbɛkən]
coffre-fort	**Mein Tresor** [maɪn tʀe'zoːɐ]

serrure de porte	**Mein Türschloss** [maɪn 'ty:ʃlɔs]
prise électrique	**Meine Steckdose** [maɪnə 'ʃtɛkˌdo:zə]
sèche-cheveux	**Mein Föhn** [maɪn fø:n]

Je n'ai pas …	**Ich habe kein …** [ɪç 'ha:bə kaɪn …]
d'eau	**Wasser** ['vasə]
de lumière	**Licht** [lɪçt]
d'électricité	**Strom** [ʃtʁo:m]

Pouvez-vous me donner …?	**Können Sie mir … geben?** ['kœnən zi: mi:ɐ … 'ge:bən?]
une serviette	**ein Handtuch** [aɪn 'hantˌtu:χ]
une couverture	**eine Decke** ['aɪnə 'dɛkə]
des pantoufles	**Hausschuhe** ['haʊsˌʃu:ə]
une robe de chambre	**einen Bademantel** ['aɪnən 'ba:dəˌmantəl]
du shampoing	**etwas Shampoo** ['ɛtvas 'ʃampu]
du savon	**etwas Seife** ['ɛtvas 'zaɪfə]

Je voudrais changer ma chambre.	**Ich möchte ein anderes Zimmer haben.** [ɪç 'mœçtə aɪn 'andəʁəs 'tsɪmɐ 'ha:bən]
Je ne trouve pas ma clé.	**Ich kann meinen Schlüssel nicht finden.** [ɪç kan 'maɪnən 'ʃlʏsəl nɪçt 'fɪndən]
Pourriez-vous ouvrir ma chambre, s'il vous plaît?	**Machen Sie bitte meine Tür auf.** ['maχən zi: 'bɪtə 'maɪnə ty:ɐ 'aʊf]
Qui est là?	**Wer ist da?** [ve:ɐ ist da:?]
Entrez!	**Kommen Sie rein!** ['kɔmən zi: ʁaɪn!]
Une minute!	**Einen Moment bitte!** ['aɪnən mo'mɛnt 'bɪtə!]

Pas maintenant, s'il vous plaît.	**Nicht jetzt bitte.** [nɪçt jɛtst 'bɪtə]
Pouvez-vous venir à ma chambre, s'il vous plaît.	**Kommen Sie bitte in mein Zimmer.** ['kɔmən zi: 'bɪtə ɪn maɪn 'tsɪmɐ]

J'aimerais avoir le service d'étage.	**Ich würde gerne Essen bestellen.** [ɪç 'vʏʁdə 'gɛʁnə 'ɛsən bə'ʃtɛlən]
Mon numéro de chambre est le ...	**Meine Zimmernummer ist ...** [maɪnə 'tsɪmɐ͵nʊmɐ ist ...]

Je pars ...	**Ich reise ... ab.** [ɪç 'ʁaɪzə ... ap]
Nous partons ...	**Wir reisen ... ab.** [viːɐ 'ʁaɪzən ... ap]
maintenant	**jetzt** [jɛtst]
cet après-midi	**diesen Nachmittag** ['diːzən 'naːχmɪ͵taːk]
ce soir	**heute Abend** ['hɔɪtə 'aːbənt]
demain	**morgen** ['mɔʁgən]
demain matin	**morgen früh** ['mɔʁgən fʁyː]
demain après-midi	**morgen Abend** ['mɔʁgən 'aːbənt]
après-demain	**übermorgen** ['yːbɐ͵mɔʁgən]

Je voudrais régler mon compte.	**Ich möchte die Zimmerrechnung begleichen.** [ɪç 'mœçtə di 'tsɪmɐ͵ʁɛçnʊŋ bə'glaɪçən]
Tout était merveilleux.	**Alles war wunderbar.** ['aləs vaːɐ 'vʊndɐbaːɐ]
Où puis-je trouver un taxi?	**Wo kann ich ein Taxi bekommen?** [voː kan ɪç aɪn 'taksi be'kɔmən?]
Pourriez-vous m'appeler un taxi, s'il vous plaît?	**Würden Sie bitte ein Taxi für mich holen?** [vʏʁdən ziː 'bɪtə aɪn 'taksi fyːɐ mɪç 'hoːlən?]

Restaurant

Puis-je voir le menu, s'il vous plaît?

Könnte ich die Speisekarte sehen bitte?
['kœntə ɪç di 'ʃpaɪzəˌkaʁtə 'zeːən 'bɪtə?]

Une table pour une personne.

Tisch für einen.
[tɪʃ fyːɐ 'aɪnən]

Nous sommes deux (trois, quatre).

Wir sind zu zweit (dritt, viert).
[viːɐ zɪnt tsu tsvaɪt (dʁɪt, fiːet)]

Fumeurs

Raucher
['ʁaʊχɐ]

Non-fumeurs

Nichtraucher
['nɪçtˌʁaʊχɐ]

S'il vous plaît!

Entschuldigen Sie mich!
[ɛnt'ʃʊldɪgən ziː mɪç!]

menu

Speisekarte
['ʃpaɪzəˌkaʁtə]

carte des vins

Weinkarte
['vaɪnˌkaʁtə]

Le menu, s'il vous plaît.

Die Speisekarte bitte.
[di 'ʃpaɪzəˌkaʁtə 'bɪtə]

Êtes-vous prêts à commander?

Sind Sie bereit zum bestellen?
[zɪnt ziː bə'ʁaɪt tsʊm bə'ʃtɛlən?]

Qu'allez-vous prendre?

Was würden Sie gerne haben?
[vas 'vyʁdən ziː 'gɛʁnə 'haːbən?]

Je vais prendre …

Ich möchte …
[ɪç 'mœçtə …]

Je suis végétarien.

Ich bin Vegetarier /Vegetarierin/.
[ɪç bɪn vege'taːʁiɐ /vege'taːʁiəʁɪn/]

viande

Fleisch
[flaɪʃ]

poisson

Fisch
[fɪʃ]

légumes

Gemüse
[gə'myːzə]

Avez-vous des plats végétariens?

Haben Sie vegetarisches Essen?
['haːbən ziː vege'taːʁɪʃəs 'ɛsən?]

Je ne mange pas de porc.

Ich esse kein Schweinefleisch.
[ɪç 'ɛsə kaɪn 'ʃvaɪnəˌflaɪʃ]

Il /elle/ ne mange pas de viande.

Er /Sie/ isst kein Fleisch.
[eːɐ /ziː/ ist kaɪn flaɪʃ]

Je suis allergique à …

Ich bin allergisch auf …
[ɪç bɪn a'lɛʁgɪʃ aʊf …]

Pourriez-vous m'apporter …, s'il vous plaît.	**Könnten Sie mir bitte … bringen.** ['kœntən zi: miːɐ 'bɪtə … 'bʀɪŋən]
le sel | le poivre | du sucre	**Salz | Pfeffer | Zucker** [zalts | 'pfɛfɐ | 'tsʊkɐ]
un café | un thé | un dessert	**Kaffee | Tee | Nachtisch** ['kafe | te: | 'naːχ͜tɪʃ]
de l'eau | gazeuse | plate	**Wasser | Sprudel | stilles** ['vasɐ | 'ʃpʀuːdəl | 'ʃtɪləs]
une cuillère | une fourchette | un couteau	**einen Löffel | eine Gabel | ein Messer** ['aɪnən 'lœfəl | 'aɪnə 'gabəl | aɪn 'mɛsɐ]
une assiette | une serviette	**einen Teller | eine Serviette** ['aɪnən 'tɛlɐ | 'aɪnə zɛʀ'vɪɛtə]

Bon appétit!	**Guten Appetit!** [ˌguːtən ˌʔapə'tit!]
Un de plus, s'il vous plaît.	**Noch einen bitte.** [nɔχ 'aɪnən 'bɪtə]
C'était délicieux.	**Es war sehr lecker.** [ɛs vaːɐ zeːɐ 'lɛkɐ]

l'addition | de la monnaie | le pourboire	**Scheck | Wechselgeld | Trinkgeld** [ʃɛk | 'vɛksəlˌgɛlt | 'tʀɪŋkˌgɛlt]
L'addition, s'il vous plaît.	**Zahlen bitte.** ['tsaːlən 'bɪtə]
Puis-je payer avec la carte?	**Kann ich mit Karte zahlen?** [kan ɪç mɪt 'kaʁtə 'tsaːlən?]
Excusez-moi, je crois qu'il y a une erreur ici.	**Entschuldigen Sie, hier ist ein Fehler.** [ɛnt'ʃʊldɪgən ziː, 'hiːɐ ist aɪn 'feːlɐ]

Shopping. Faire les Magasins

Est-ce que je peux vous aider?

Kann ich Ihnen behilflich sein?
[kan ɪç 'iːnən bə'hɪlflɪç zaɪn?]

Avez-vous … ?

Haben Sie …?
['haːbən ziː …?]

Je cherche …

Ich suche …
[ɪç 'zuːxə …]

Il me faut …

Ich brauche …
[ɪç 'bʀauxə …]

Je regarde seulement, merci.

Ich möchte nur schauen.
[ɪç 'mœçtə nuːɐ 'ʃauən]

Nous regardons seulement, merci.

Wir möchten nur schauen.
[viːɐ 'mœçtən nuːɐ 'ʃauən]

Je reviendrai plus tard.

Ich komme später noch einmal zurück.
[ɪç 'kɔmə 'ʃpɛːtɐ nɔx 'aɪnmaːl tsu'ʀʏk]

On reviendra plus tard.

Wir kommen später vorbei.
[viːɐ 'kɔmən 'ʃpɛːtɐ foːɐ'baɪ]

Rabais | Soldes

Rabatt | Ausverkauf
[ʀa'bat | 'ausfɛɐˌkauf]

Montrez-moi, s'il vous plaît …

Zeigen Sie mir bitte …
['tsaɪgən ziː miːɐ 'bɪtə …]

Donnez-moi, s'il vous plaît …

Geben Sie mir bitte …
['geːbən ziː miːɐ 'bɪtə …]

Est-ce que je peux l'essayer?

Kann ich es anprobieren?
[kan ɪç ɛs 'anpʀoˌbiːʀən?]

Excusez-moi, où est la cabine d'essayage?

Entschuldigen Sie bitte, wo ist die Anprobe?
[ɛnt'ʃuldɪgən ziː 'bɪtə, voː ist di 'anpʀoːbə?]

Quelle couleur aimeriez-vous?

Welche Farbe mögen Sie?
['vɛlçə 'faʀbə 'møːgən ziː?]

taille | longueur

Größe | Länge
['gʀøːsə | 'lɛŋə]

Est-ce que la taille convient ?

Wie sitzt es?
[viː zɪtst ɛs?]

Combien ça coûte?

Was kostet das?
[vas 'kɔstət das?]

C'est trop cher.

Das ist zu teuer.
[das is tsu 'tɔɪɐ]

Je vais le prendre.

Ich nehme es.
[ɪç 'neːmə ɛs]

Excusez-moi, où est la caisse?

**Entschuldigen Sie bitte,
wo ist die Kasse?**
[ɛnt'ʃʊldɪgən zi: 'bɪtə,
vo: ist di 'kasə?]

Payerez-vous comptant ou par
carte de crédit?

Zahlen Sie Bar oder mit Karte?
['tsa:lən zi: ba:ɐ 'o:dɐ mɪt 'kaʁtə?]

Comptant | par carte de crédit

in Bar | mit Karte
[ɪn ba:ɐ | mɪt 'kaʁtə]

Voulez-vous un reçu?

Brauchen Sie die Quittung?
['bʀaʊχən zi: di 'kvɪtʊŋ?]

Oui, s'il vous plaît.

Ja, bitte.
[ja:, 'bɪtə]

Non, ce n'est pas nécessaire.

Nein, es ist ok.
[naɪn, ɛs ist o'ke:]

Merci. Bonne journée!

Danke. Einen schönen Tag noch!
['daŋkə. 'aɪnən 'ʃø:nən 'tak nɔχ!]

En ville

Excusez-moi, ...	**Entschuldigen Sie bitte, ...** [ɛnt'ʃʊldɪgən ziː 'bɪtə, ...]
Je cherche ...	**Ich suche ...** [ɪç 'zuːxə ...]
le métro	**die U-Bahn** [di 'uːbaːn]
mon hôtel	**mein Hotel** [maɪn ho'tɛl]
le cinéma	**das Kino** [das 'kiːno]
un arrêt de taxi	**den Taxistand** [den 'taksiˌʃtant]
un distributeur	**einen Geldautomat** [aɪnən 'gɛlt?'aʊtoˌmaːt]
un bureau de change	**eine Wechselstube** ['aɪnə 'vɛksəlˌʃtuːbə]
un café internet	**ein Internetcafé** [aɪn 'ɪntɛnɛt·kaˌfeː]
la rue ...	**die ... -Straße** [di ... 'ʃtraːsə]
cette place-ci	**diesen Ort** ['diːzən ɔʁt]
Savez-vous où se trouve ...?	**Wissen Sie, wo ... ist?** ['vɪsən ziː, voː ... 'ist?]
Quelle est cette rue?	**Wie heißt diese Straße?** [viː haɪst 'diːzə 'ʃtraːsə?]
Montrez-moi où sommes-nous, s'il vous plaît.	**Zeigen Sie mir wo wir gerade sind.** ['tsaɪgən ziː miːɐ voː viːɐ gə'ʁaːdə zɪnt]
Est-ce que je peux y aller à pied?	**Kann ich dort zu Fuß hingehen?** [kan ɪç dɔʁt tsu fuːs 'hɪnˌgeːən?]
Avez-vous une carte de la ville?	**Haben Sie einen Stadtplan?** ['haːbən ziː 'aɪnən 'ʃtatˌplaːn?]
C'est combien pour un ticket?	**Was kostet eine Eintrittskarte?** [vas 'koːstət 'aɪnə 'aɪntʁɪtsˌkaʁtə?]
Est-ce que je peux faire des photos?	**Darf man hier fotografieren?** [daʁf man 'hiːɐ fotogʁa'fiːʁən?]
Êtes-vous ouvert?	**Haben Sie offen?** [haːbən ziː 'ɔfən?]

À quelle heure ouvrez-vous?

Wann öffnen Sie?
[van 'œfnən zi:?]

À quelle heure fermez-vous?

Wann schließen Sie?
[van 'ʃli:sən zi:?]

L'argent

argent	**Geld** [gɛlt]
argent liquide	**Bargeld** ['baːɐˌgɛlt]
des billets	**Papiergeld** [pa'piːɐˌgɛlt]
petite monnaie	**Kleingeld** ['klaɪnˌgɛlt]
l'addition | de la monnaie | le pourboire	**Scheck | Wechselgeld | Trinkgeld** [ʃɛk | 'vɛksəlˌgɛlt | 'tRɪŋkˌgɛlt]

carte de crédit	**Kreditkarte** [kRe'diːtˌkaʁtə]
portefeuille	**Geldbeutel** ['gɛltˌbɔɪtəl]
acheter	**kaufen** ['kaʊfən]
payer	**zahlen** ['tsaːlən]
amende	**Strafe** ['ʃtRaːfə]
gratuit	**kostenlos** ['kɔstənloːs]

Où puis-je acheter … ?	**Wo kann ich … kaufen?** [voː kan ɪç … 'kaʊfən?]
Est-ce que la banque est ouverte en ce moment?	**Ist die Bank jetzt offen?** [ist di baŋk jɛtst 'ɔfən?]
À quelle heure ouvre-t-elle?	**Wann öffnet sie?** [van 'œfnət ziː?]
À quelle heure ferme-t-elle?	**Wann schließt sie?** [van ʃliːst ziː?]

C'est combien?	**Wie viel?** [viː fiːl?]
Combien ça coûte?	**Was kostet das?** [vas 'koːstət das?]

C'est trop cher.	**Das ist zu teuer.** [das is tsu 'tɔɪɐ]
Excusez-moi, où est la caisse?	**Entschuldigen Sie bitte, wo ist die Kasse?** [ɛntˈʃʊldɪgən ziː 'bɪtə, voː ist di 'kasə?]

L'addition, s'il vous plaît.

Ich möchte zahlen.
[ɪç 'mœçtə 'tsaːlən]

Puis-je payer avec la carte?

Kann ich mit Karte zahlen?
[kan ɪç mɪt 'kaʁtə 'tsaːlən?]

Est-ce qu'il y a un distributeur ici?

Gibt es hier einen Geldautomat?
[giːpt ɛs 'hiːɐ 'aɪnən 'gɛlt?'aʊtoˌmaːt?]

Je cherche un distributeur.

Ich brauche einen Geldautomat.
[ɪç 'bʁaʊχə 'aɪnən 'gɛlt?'aʊtoˌmaːt]

Je cherche un bureau de change.

Ich suche eine Wechselstube.
[ɪç 'zuːχə 'aɪnə 'vɛksəlʃtuːbə]

Je voudrais changer ...

Ich möchte ... wechseln.
[ɪç 'mœçtə ... 'vɛksəln]

Quel est le taux de change?

Was ist der Wechselkurs?
[vas ɪst deːɐ 'vɛksəlˌkuʁs]

Avez-vous besoin de mon passeport?

Brauchen Sie meinen Reisepass?
['bʁaʊχən ziː 'maɪnən 'ʁaɪzəˌpas?]

Le temps

Quelle heure est-il?	**Wie spät ist es?** [vi: ʃpɛ:t ist ɛs?]
Quand?	**Wann?** [van?]
À quelle heure?	**Um wie viel Uhr?** [ʊm vifi:l u:ɐ?]
maintenant | plus tard | après ...	**jetzt | später | nach ...** [jɛtst | 'ʃpɛ:tɐ | na:χ ...]

une heure	**ein Uhr** [aɪn u:ɐ]
une heure et quart	**Viertel zwei** ['fɪʁtəl tsvaɪ]
une heure et demie	**ein Uhr dreißig** [aɪn u:ɐ 'dʀaɪsɪç]
deux heures moins quart	**Viertel vor zwei** ['fɪʁtəl fo:ɐ tsvaɪ]

un | deux | trois	**eins | zwei | drei** [aɪns | tsvaɪ | dʀaɪ]
quatre | cinq | six	**vier | fünf | sechs** [fi:ɐ | fʏnf | zɛks]
sept | huit | neuf	**sieben | acht | neun** ['zi:bən | aχt | nɔɪn]
dix | onze | douze	**zehn | elf | zwölf** [tse:n | ɛlf | tsvœlf]

dans ...	**in ...** [ɪn ...]
cinq minutes	**fünf Minuten** [fʏnf mi'nu:tən]
dix minutes	**zehn Minuten** [tse:n mi'nu:tən]
quinze minutes	**fünfzehn Minuten** ['fʏnftse:n mi'nu:tən]
vingt minutes	**zwanzig Minuten** ['tsvantsɪç mi'nu:tən]
une demi-heure	**einer halben Stunde** ['aɪnɐ 'halbən 'ʃtʊndə]
une heure	**einer Stunde** ['aɪnɐ 'ʃtʊndə]

dans la matinée	**am Vormittag** [am 'foːɐmɪtaːk]
tôt le matin	**früh am Morgen** [fʀyː am 'mɔʁgən]
ce matin	**diesen Morgen** ['diːzən 'mɔʁgən]
demain matin	**morgen früh** ['mɔʁgən fʀyː]

à midi	**am Mittag** [am 'mɪtaːk]
dans l'après-midi	**am Nachmittag** [am 'naːχmɪtaːk]
dans la soirée	**am Abend** [am 'aːbənt]
ce soir	**heute Abend** ['hɔɪtə 'aːbənt]

la nuit	**in der Nacht** [ɪn deːɐ naχt]
hier	**gestern** ['gɛstɐn]
aujourd'hui	**heute** ['hɔɪtə]
demain	**morgen** ['mɔʁgən]
après-demain	**übermorgen** ['yːbɐˌmɔʁgən]

Quel jour sommes-nous aujourd'hui?	**Welcher Tag ist heute?** ['vɛlçɐ taːk ist 'hɔɪtə?]
Nous sommes …	**Es ist …** [ɛs ist …]
lundi	**Montag** ['moːntaːk]
mardi	**Dienstag** ['diːnstaːk]
mercredi	**Mittwoch** ['mɪtvɔχ]

jeudi	**Donnerstag** ['dɔnɐstaːk]
vendredi	**Freitag** ['fʀaɪtaːk]
samedi	**Samstag** ['zamstaːk]
dimanche	**Sonntag** ['zɔntaːk]

Salutations - Introductions

Bonjour.
Hallo.
[ha'lo:]

Enchanté /Enchantée/
Freut mich, Sie kennen zu lernen.
[fʀɔɪt mɪç, zi: 'kɛnən tsu 'lɛʀnən]

Moi aussi.
Ganz meinerseits.
[gants 'maɪnɐˌzaɪts]

Je voudrais vous présenter …
Darf ich vorstellen? Das ist …
[daʀf ɪç 'fo:ɐˌʃtɛlən? das ɪs …]

Ravi de vous rencontrer.
Sehr angenehm.
[ze:ɐ 'angəˌne:m]

Comment allez-vous?
Wie geht es Ihnen?
[vi: ge:t ɛs 'i:nən?]

Je m'appelle …
Ich heiße …
[ɪç 'haɪsə …]

Il s'appelle …
Er heißt …
[e:ɐ haɪst …]

Elle s'appelle …
Sie heißt …
[zi: haɪst …]

Comment vous appelez-vous?
Wie heißen Sie?
[vi: 'haɪsən zi:?]

Quel est son nom? (m)
Wie heißt er?
[vi: haɪst e:ɐ?]

Quel est son nom? (f)
Wie heißt sie?
[vi: haɪst zi:?]

Quel est votre nom de famille?
Wie ist Ihr Nachname?
[vi: ist i:ɐ 'na:χˌna:mə?]

Vous pouvez m'appeler …
Sie können mich … nennen.
[zi: 'kœnən mɪç … 'nɛnən]

D'où êtes-vous?
Woher kommen Sie?
[voˈheːɐ 'kɔmən zi:?]

Je suis de …
Ich komme aus …
[ɪç 'kɔmə 'aʊs …]

Qu'est-ce que vous faites dans la vie?
Was machen Sie beruflich?
[vas 'maχən zi: bə'ʀu:flɪç?]

Qui est-ce?
Wer ist das?
[ve:ɐ ist das?]

Qui est-il?
Wer ist er?
[ve:ɐ ist e:ɐ?]

Qui est-elle?
Wer ist sie?
[ve:ɐ ist zi:?]

Qui sont-ils?
Wer sind sie?
[ve:ɐ zɪnt zi:?]

C'est ...	**Das ist ...** [das is ...]
mon ami	**mein Freund** [maɪn frɔɪnt]
mon amie	**meine Freundin** ['maɪnə 'frɔɪndin]
mon mari	**mein Mann** [maɪn man]
ma femme	**meine Frau** ['maɪnə 'frau]
mon père	**mein Vater** [maɪn 'fa:tə]
ma mère	**meine Mutter** ['maɪnə 'mutə]
mon frère	**mein Bruder** [maɪn 'bru:də]
ma sœur	**meine Schwester** ['maɪnə 'ʃvɛstə]
mon fils	**mein Sohn** [maɪn zo:n]
ma fille	**meine Tochter** ['maɪnə 'toxtə]
C'est notre fils.	**Das ist unser Sohn.** [das is 'unzɐ zo:n]
C'est notre fille.	**Das ist unsere Tochter.** [das is 'unzərə 'toxtə]
Ce sont mes enfants.	**Das sind meine Kinder.** [das zɪnt 'maɪnə 'kɪndə]
Ce sont nos enfants.	**Das sind unsere Kinder.** [das zɪnt 'unzəʀə 'kɪndə]

Les adieux

Au revoir!	**Auf Wiedersehen!** [aʊf 'viːdə‚zeːən!]
Salut!	**Tschüs!** [tʃyːs!]
À demain.	**Bis morgen.** [bɪs 'mɔʁɡən]
À bientôt.	**Bis bald.** [bɪs balt]
On se revoit à sept heures.	**Bis um sieben.** [bɪs ʊm ziːbən]
Amusez-vous bien!	**Viel Spaß!** [fiːl ʃpaːs!]
On se voit plus tard.	**Wir sprechen später.** [viːɐ ʃpʁɛçən ʃpɛːtə]
Bonne fin de semaine.	**Ich wünsche Ihnen ein schönes Wochenende.** [ɪç 'vʏnʃə 'iːnən aɪn 'ʃøːnəs 'vɔxən‚ʔɛndə]
Bonne nuit.	**Gute Nacht.** ['ɡuːtə naxt]
Il est l'heure que je parte.	**Es ist Zeit, dass ich gehe.** [ɛs ist tsaɪt, das ɪç 'ɡeːə]
Je dois m'en aller.	**Ich muss gehen.** [ɪç mʊs 'ɡeːən]
Je reviens tout de suite.	**Ich bin gleich wieder da.** [ɪç bɪn ɡlaɪç 'viːdə da]
Il est tard.	**Es ist schon spät.** [ɛs ist ʃoːn ʃpɛːt]
Je dois me lever tôt.	**Ich muss früh aufstehen.** [ɪç mʊs fʁyː 'aʊfˌʃteːən]
Je pars demain.	**Ich reise morgen ab.** [ɪç 'ʁaɪzə 'mɔʁɡən ap]
Nous partons demain.	**Wir reisen morgen ab.** [viːɐ 'ʁaɪzən 'mɔʁɡən ap]
Bon voyage!	**Ich wünsche Ihnen eine gute Reise!** [ɪç 'vʏnʃə 'iːnən 'aɪnə 'ɡuːtə 'ʁaɪzə!]
Enchanté de faire votre connaissance.	**Hat mich gefreut, Sie kennen zu lernen.** [hat mɪç ɡə'fʁɔɪt, ziː 'kɛnən tsu 'lɛʁnən]

Heureux /Heureuse/ d'avoir parlé avec vous.	**Hat mich gefreut mit Ihnen zu sprechen.** [hat mɪç gəˈfrɔɪt mɪt ˈiːnən tsu ˈʃprɛçən]
Merci pour tout.	**Danke für alles.** [ˈdaŋkə fyːɐ ˈaləs]

Je me suis vraiment amusé /amusée/	**Ich hatte eine sehr gute Zeit.** [ɪç hatə ˈaɪnə zeːɐ ˈguːtə tsaɪt]
Nous nous sommes vraiment amusés /amusées/	**Wir hatten eine sehr gute Zeit.** [viːɐ ˈhatən ˈaɪnə zeːɐ ˈguːtə tsaɪt]
C'était vraiment plaisant.	**Es war wirklich toll.** [ɛs vaːɐ ˈvɪʁklɪç tɔl]
Vous allez me manquer.	**Ich werde Sie vermissen.** [ɪç ˈveːɐdə ziː fɛɐˈmɪsən]
Vous allez nous manquer.	**Wir werden Sie vermissen.** [viːɐ ˈveːɐdən ziː fɛɐˈmɪsən]

Bonne chance!	**Viel Glück!** [fiːl glʏk!]
Mes salutations à …	**Grüßen Sie …** [ˈgʁyːsən ziː …]

Une langue étrangère

Je ne comprends pas.	**Ich verstehe nicht.** [ɪç fɛɐ̯'ʃte:ə nɪçt]
Écrivez-le, s'il vous plaît.	**Schreiben Sie es bitte auf.** ['ʃʀaɪbən zi: ɛs 'bɪtə aʊf]
Parlez-vous ...?	**Sprechen Sie ...?** ['ʃpʀɛçən zi: ...?]

Je parle un peu ...	**Ich spreche ein bisschen ...** [ɪç 'ʃpʀɛçə aɪn 'bɪsçən ...]
anglais	**Englisch** ['ɛŋlɪʃ]
turc	**Türkisch** ['tʏʁkɪʃ]
arabe	**Arabisch** [a'ʀa:bɪʃ]
français	**Französisch** [fʀan'tsø:zɪʃ]

allemand	**Deutsch** [dɔɪtʃ]
italien	**Italienisch** [ˌita'lɪe:nɪʃ]
espagnol	**Spanisch** ['ʃpa:nɪʃ]
portugais	**Portugiesisch** [pɔʁtu'gi:zɪʃ]
chinois	**Chinesisch** [çi'ne:zɪʃ]
japonais	**Japanisch** [ja'pa:nɪʃ]

Pouvez-vous le répéter, s'il vous plaît.	**Können Sie das bitte wiederholen.** ['kœnən zi: das 'bɪtə vi:də'ho:lən]
Je comprends.	**Ich verstehe.** [ɪç fɛɐ̯'ʃte:ə]
Je ne comprends pas.	**Ich verstehe nicht.** [ɪç fɛɐ̯'ʃte:ə nɪçt]
Parlez plus lentement, s'il vous plaît.	**Sprechen Sie etwas langsamer.** ['ʃpʀɛçən zi: 'ɛtvas 'laŋˌza:mɐ]

Est-ce que c'est correct?	**Ist das richtig?** [ist das 'ʀɪçtɪç?]
Qu'est-ce que c'est?	**Was ist das?** [vas ɪst das?]

Les excuses

Excusez-moi, s'il vous plaît.	**Entschuldigen Sie bitte.** [ɛntˈʃʊldɪgən zi: ˈbɪtə]
Je suis désolé /désolée/	**Es tut mir leid.** [ɛs tuːt miːə laɪt]
Je suis vraiment /désolée/	**Es tut mir sehr leid.** [ɛs tuːt miːə zeːə laɪt]
Désolé /Désolée/, c'est ma faute.	**Es tut mir leid, das ist meine Schuld.** [ɛs tuːt miːə laɪt, das ist ˈmaɪnə ʃʊlt]
Au temps pour moi.	**Das ist mein Fehler.** [das is maɪn ˈfeːlə]
Puis-je … ?	**Darf ich …?** [daʁf ɪç …?]
Ça vous dérange si je …?	**Haben Sie etwas dagegen, wenn ich …?** [haːbən zi: ˈɛtvas daˈgeːgən, vɛn ɪç …?]
Ce n'est pas grave.	**Es ist okay.** [ɛs ist oˈkeː]
Ça va.	**Alles in Ordnung.** [ˈaləs ɪn ˈɔʁdnʊŋ]
Ne vous inquiétez pas.	**Machen Sie sich keine Sorgen.** [ˈmaxən zi: zɪç ˈkaɪnə ˈzɔʁgən]

Les accords

Oui	**Ja.** [ja:]
Oui, bien sûr.	**Ja, natürlich.** [ja:, na'ty:ɐlɪç]
Bien.	**Ok! Gut!** [o'ke:! gu:t!]
Très bien.	**Sehr gut.** [ze:ɐ gu:t]
Bien sûr!	**Natürlich!** [na'ty:ɐlɪç!]
Je suis d'accord.	**Genau.** [ge'naʊ]
C'est correct.	**Das stimmt.** [das ʃtɪmt]
C'est exact.	**Das ist richtig.** [das is 'rɪçtɪç]
Vous avez raison.	**Sie haben Recht.** [zi: 'ha:bən rɛçt]
Je ne suis pas contre.	**Ich habe nichts dagegen.** [ɪç 'ha:bə nɪçts da'ge:gən]
Tout à fait correct.	**Völlig richtig.** ['fœlɪç 'rɪçtɪç]
C'est possible.	**Das kann sein.** [das kan zaɪn]
C'est une bonne idée.	**Das ist eine gute Idee.** [das is 'aɪnə 'gu:tə i'de:]
Je ne peux pas dire non.	**Ich kann es nicht ablehnen.** [ɪç kan ɛs nɪçt 'ap‚le:nən]
J'en serai ravi /ravie/	**Ich würde mich freuen.** [ɪç 'vʏrdə mɪç 'frɔɪən]
Avec plaisir.	**Gerne.** ['gɛrnə]

Refus, exprimer le doute

Non	**Nein.** [naɪn]
Absolument pas.	**Natürlich nicht.** [na'ty:ɐlɪç nɪçt]
Je ne suis pas d'accord.	**Ich stimme nicht zu.** [ɪç 'ʃtɪmə nɪçt tsu]
Je ne le crois pas.	**Das glaube ich nicht.** [das 'glaʊbə ɪç nɪçt]
Ce n'est pas vrai.	**Das ist falsch.** [das is falʃ]

Vous avez tort.	**Sie liegen falsch.** [zi: 'li:gən falʃ]
Je pense que vous avez tort.	**Ich glaube, Sie haben Unrecht.** [ɪç 'glaʊbə, zi: 'ha:bən 'ʊnˌʀɛçt]
Je ne suis pas sûr /sûre/	**Ich bin nicht sicher.** [ɪç bɪn nɪçt 'zɪçɐ]
C'est impossible.	**Das ist unmöglich.** [das is 'ʊnmø:klɪç]
Pas du tout!	**Nichts dergleichen!** [nɪçts de:ɐ'glaɪçən!]

Au contraire!	**Im Gegenteil!** [ɪm 'ge:gəntaɪl!]
Je suis contre.	**Ich bin dagegen.** [ɪç bɪn da'ge:gən]
Ça m'est égal.	**Es ist mir egal.** [ɛs ist mi:ɐ e'ga:l]
Je n'ai aucune idée.	**Keine Ahnung.** ['kaɪnə 'a:nʊŋ]
Je doute que cela soit ainsi.	**Ich bezweifle, dass es so ist.** [ɪç bə'tsvaɪflə, das ɛs zo: ist]

Désolé /Désolée/, je ne peux pas.	**Es tut mir leid, ich kann nicht.** [ɛs tu:t mi:ɐ laɪt, ɪç kan nɪçt]
Désolé /Désolée/, je ne veux pas.	**Es tut mir leid, ich möchte nicht.** [ɛs tu:t mi:ɐ laɪt, ɪç 'mœçtə nɪçt]

Merci, mais ça ne m'intéresse pas.	**Danke, das brauche ich nicht.** ['daŋkə, das 'bʀaʊxə ɪç nɪçt]
Il se fait tard.	**Es ist schon spät.** [ɛs ist ʃo:n ʃpɛ:t]

Je dois me lever tôt.	**Ich muss früh aufstehen.** [ɪç mʊs fʀyː ˈaʊfʃteːən]
Je ne me sens pas bien.	**Mir geht es schlecht.** [miːɐ geːt ɛs ʃlɛçt]

Exprimer la gratitude

Merci.	**Danke.** ['daŋkə]
Merci beaucoup.	**Dankeschön.** ['daŋkəʃøːn]
Je l'apprécie beaucoup.	**Ich bin Ihnen sehr verbunden.** [ɪç bɪn 'iːnən zeːɐ ˌfɛɐ'bʊndən]
Je vous suis très reconnaissant.	**Ich bin Ihnen sehr dankbar.** [ɪç bɪn 'iːnən zeːɐ 'daŋkbaːɐ]
Nous vous sommes très reconnaissant.	**Wir sind Ihnen sehr dankbar.** [viːɐ zɪnt 'iːnən zeːɐ 'daŋkbaːɐ]

Merci pour votre temps.	**Danke, dass Sie Ihre Zeit geopfert haben.** ['daŋkə, das ziː 'iːʀə tsaɪt gə'ʔɔpfɛt 'haːbən]
Merci pour tout.	**Danke für alles.** ['daŋkə fyːɐ 'aləs]
Merci pour ...	**Danke für ...** ['daŋkə fyːɐ ...]
votre aide	**Ihre Hilfe** ['iːʀə 'hɪlfə]
les bons moments passés	**die schöne Zeit** [di 'ʃøːnə tsaɪt]

un repas merveilleux	**das wunderbare Essen** [das 'vʊndɐbaːʀə 'ɛsən]
cette agréable soirée	**den angenehmen Abend** [den 'angəˌneːmən 'aːbənt]
cette merveilleuse journée	**den wunderschönen Tag** [dɛn ˌvʊndɐ'ʃøːnən taːk]
une excursion extraordinaire	**die interessante Führung** [di ɪntəʀɛ'santə 'fyːʀʊŋ]

Il n'y a pas de quoi.	**Keine Ursache.** ['kaɪnə 'uːɐˌzaχə]
Vous êtes les bienvenus.	**Nichts zu danken.** [nɪçts tsu 'daŋkən]
Mon plaisir.	**Immer gerne.** ['ɪmɐ 'gɛʀnə]
J'ai été heureux /heureuse/ de vous aider.	**Es freut mich, geholfen zu haben.** [ɛs fʀɔɪt mɪç, gə'hɔlfən tsu 'haːbən]

Ça va. N'y pensez plus.

Vergessen Sie es.
[fɛɐ̯'ɡɛsən zi: ɛs]

Ne vous inquiétez pas.

Machen Sie sich keine Sorgen.
['maχən zi: zɪç 'kaɪnə 'zɔʁɡən]

Félicitations. Vœux de fête

Félicitations!	**Glückwunsch!** ['glʏkˌvʊnʃ!]
Joyeux anniversaire!	**Alles gute zum Geburtstag!** ['aləs 'guːtə tsʊm gə'bʊʁtsˌtaːk!]
Joyeux Noël!	**Frohe Weihnachten!** [ˌfʀoːə 'vaɪnaχtən!]
Bonne Année!	**Frohes neues Jahr!** [ˌfʀoːəs 'nɔɪəs jaːɐ!]

Joyeuses Pâques!	**Frohe Ostern!** [ˌfʀoːə 'oːstən!]
Joyeux Hanoukka!	**Frohes Hanukkah!** [ˌfʀoːəs 'haːnukaː!]

Je voudrais proposer un toast.	**Ich möchte einen Toast ausbringen.** [ɪç 'mœçtə 'aɪnən toːst 'aʊsˌbʀɪŋən]
Santé!	**Auf Ihr Wohl!** [aʊf iːɐ voːl!]
Buvons à ...!	**Trinken wir auf ...!** ['tʀɪŋkən viːɐ 'aʊf ...!]
À notre succès!	**Auf unseren Erfolg!** [aʊf 'ʊnzəʀən ɛɐ'fɔlk!]
À votre succès!	**Auf Ihren Erfolg!** [aʊf 'iːʀən ɛɐ'fɔlk!]

Bonne chance!	**Viel Glück!** [fiːl glʏk!]
Bonne journée!	**Einen schönen Tag noch!** ['aɪnən 'ʃøːnən taːk nɔχ!]
Passez de bonnes vacances !	**Haben Sie einen guten Urlaub!** [haːbən ziː 'aɪnən 'guːtən 'uːɐˌlaʊp!]
Bon voyage!	**Haben Sie eine sichere Reise!** ['haːbən ziː 'aɪnə 'zɪçəʀə 'ʀaɪzə!]
Rétablissez-vous vite.	**Ich hoffe es geht Ihnen bald besser!** [ɪç 'hɔfə ɛs geːt 'iːnən balt 'bɛsə!]

Socialiser

Pourquoi êtes-vous si triste?

Warum sind Sie traurig?
[vaˈʀʊm zɪnt zi: ˈtʀaʊʀɪç?]

Souriez!

Lächeln Sie!
[ˈlɛçəln zi:!]

Êtes-vous libre ce soir?

Sind Sie heute Abend frei?
[zɪnt zi: ˈhɔɪtə ˈa:bənt fʀaɪ?]

Puis-je vous offrir un verre?

Darf ich ihnen was zum Trinken anbieten?
[daʁf ɪç ˈi:nən vas tsʊm ˈtʀɪŋkən ˈanˌbi:tən?]

Voulez-vous danser?

Möchten Sie tanzen?
[ˈmœçtən zi: ˈtantsən?]

Et si on va au cinéma?

Gehen wir ins Kino.
[ˈge:ən vi:ɐ ɪns ˈki:no]

Puis-je vous inviter ...

Darf ich Sie ins ... einladen?
[daʁf ɪç zi: ɪns ... ˈaɪnˌla:dən?]

au restaurant

Restaurant
[ʀɛstoˈʀaŋ]

au cinéma

Kino
[ˈki:no]

au théâtre

Theater
[teˈa:tɐ]

pour une promenade

auf einen Spaziergang
[aʊf ˈaɪnən ʃpaˈtsi:ɐˌgaŋ]

À quelle heure?

Um wie viel Uhr?
[ʊm vifi:l u:ɐ?]

ce soir

heute Abend
[ˈhɔɪtə ˈa:bənt]

à six heures

um sechs Uhr
[ʊm zɛks u:ɐ]

à sept heures

um sieben Uhr
[ʊm ˈzi:bən u:ɐ]

à huit heures

um acht Uhr
[ʊm aχt u:ɐ]

à neuf heures

um neun Uhr
[ʊm ˈnɔɪn u:ɐ]

Est-ce que vous aimez cet endroit?

Gefällt es Ihnen hier?
[gəˈfɛlt ɛs ˈi:nən ˈhi:ɐ?]

Êtes-vous ici avec quelqu'un?

Sind Sie hier mit jemandem?
[zɪnt zi: ˈhi:ɐ mɪt ˈje:mandəm?]

Je suis avec mon ami.	**Ich bin mit meinem Freund.** [ɪç bɪn mɪt 'maɪnəm fʀɔɪnt]
Je suis avec mes amis.	**Ich bin mit meinen Freunden.** [ɪç bɪn mɪt 'maɪnəm 'fʀɔɪndən]
Non, je suis seul /seule/	**Nein, ich bin alleine.** [naɪn, ɪç bɪn a'laɪnə]

As-tu un copain?	**Hast du einen Freund?** [hast du 'aɪnən fʀɔɪnt?]
J'ai un copain.	**Ich habe einen Freund.** [ɪç 'ha:bə 'aɪnən fʀɔɪnt]
As-tu une copine?	**Hast du eine Freundin?** [hast du 'aɪnə 'fʀɔɪndɪn?]
J'ai une copine.	**Ich habe eine Freundin.** [ɪç 'ha:bə 'aɪnə 'fʀɔɪndɪn]

Est-ce que je peux te revoir?	**Kann ich dich nochmals sehen?** [kan ɪç dɪç 'nɔxma:ls 'ze:ən?]
Est-ce que je peux t'appeler?	**Kann ich dich anrufen?** [kan ɪç dɪç 'an͜ʀu:fən?]
Appelle-moi.	**Ruf mich an.** [ʀu:f mɪç an]
Quel est ton numéro?	**Was ist deine Nummer?** [vas ɪst 'daɪnə 'nʊmɐ?]
Tu me manques.	**Ich vermisse dich.** [ɪç fɛɐ'mɪsə dɪç]

Vous avez un très beau nom.	**Sie haben einen schönen Namen.** [zi: 'ha:bən 'aɪnən 'ʃø:nən 'na:mən]
Je t'aime.	**Ich liebe dich.** [ɪç 'libə dɪç]
Veux-tu te marier avec moi?	**Willst du mich heiraten?** [vɪlst du mɪç 'haɪʀa:tən?]
Vous plaisantez!	**Sie machen Scherze!** [zi: 'maxən 'ʃɛʀtsə!]
Je plaisante.	**Ich habe nur gescherzt.** [ɪç 'ha:bə nu:ɐ gə'ʃɛʀtst]

Êtes-vous sérieux /sérieuse/?	**Ist das Ihr Ernst?** [ist das i:ɐ ɛʀnst?]
Je suis sérieux /sérieuse/	**Das ist mein Ernst.** [das is maɪn ɛʀnst]
Vraiment?!	**Echt?!** [ɛçt?!]
C'est incroyable!	**Das ist unglaublich!** [das is ʊn'glaʊplɪç!]
Je ne vous crois pas.	**Ich glaube Ihnen nicht.** [ɪç 'glaʊbə 'i:nən nɪçt]
Je ne peux pas.	**Ich kann nicht.** [ɪç kan nɪçt]
Je ne sais pas.	**Ich weiß nicht.** [ɪç vaɪs nɪçt]

Je ne vous comprends pas	**Ich verstehe Sie nicht.** [ɪç fɛɐ'ʃteːə ziː nɪçt]
Laissez-moi! Allez-vous-en!	**Bitte gehen Sie weg.** ['bɪtə 'geːən ziː vɛk]
Laissez-moi tranquille!	**Lassen Sie mich in Ruhe!** ['lasən ziː mɪç ɪn 'ʀuːə!]

Je ne le supporte pas.	**Ich kann ihn nicht ausstehen.** [ɪç kan iːn nɪçt 'aʊsʃteːən]
Vous êtes dégoûtant!	**Sie sind widerlich!** [ziː zɪnt 'viːdəlɪç!]
Je vais appeler la police!	**Ich rufe die Polizei an!** [ɪç 'ʀuːfə diː ˌpoli'tsaɪ an!]

Partager des impressions. Émotions

J'aime ça.	**Das gefällt mir.** [das gə'fɛlt miːɐ]
C'est gentil.	**Sehr nett.** [zeːɐ nɛt]
C'est super!	**Das ist toll!** [das is tɔl!]
C'est assez bien.	**Das ist nicht schlecht.** [das is nɪçt ʃlɛçt]

Je n'aime pas ça.	**Das gefällt mir nicht.** [das gə'fɛlt miːɐ nɪçt]
Ce n'est pas bien.	**Das ist nicht gut.** [das is nɪçt guːt]
C'est mauvais.	**Das ist schlecht.** [das is ʃlɛçt]
Ce n'est pas bien du tout.	**Das ist sehr schlecht.** [das is zeːɐ ʃlɛçt]
C'est dégoûtant.	**Das ist widerlich.** [das is 'viːdɐlɪç]

Je suis content /contente/	**Ich bin glücklich.** [ɪç bɪn 'glʏklɪç]
Je suis heureux /heureuse/	**Ich bin zufrieden.** [ɪç bɪn tsu'fʀiːdən]
Je suis amoureux /amoureuse/	**Ich bin verliebt.** [ɪç bɪn fɛɐ'liːpt]
Je suis calme.	**Ich bin ruhig.** [ɪç bɪn 'ʀuːɪç]
Je m'ennuie.	**Ich bin gelangweilt.** [ɪç bɪn gə'laŋˌvaɪlt]

Je suis fatigué /fatiguée/	**Ich bin müde.** [ɪç bɪn 'myːdə]
Je suis triste.	**Ich bin traurig.** [ɪç bɪn 'tʀaʊʀɪç]
J'ai peur.	**Ich habe Angst.** [ɪç 'haːbə aŋst]

Je suis fâché /fâchée/	**Ich bin wütend.** [ɪç bɪn 'vyːtənt]
Je suis inquiet /inquiète/	**Ich mache mir Sorgen.** [ɪç 'maxə miːɐ 'zɔʀgən]
Je suis nerveux /nerveuse/	**Ich bin nervös.** [ɪç bɪn nɛʀ'vøːs]

Je suis jaloux /jalouse/ **Ich bin eifersüchtig.**
[ɪç bɪn 'aɪfɐˌzʏçtɪç]

Je suis surpris /surprise/ **Ich bin überrascht.**
[ɪç bɪn yːbɐ'ʀaʃt]

Je suis gêné /gênée/ **Es ist mir peinlich.**
[ɛs ist miːɐ 'paɪnˌlɪç]

Problèmes. Accidents

J'ai un problème.	**Ich habe ein Problem.** [ɪç 'ha:bə aɪn pʀo'ble:m]
Nous avons un problème.	**Wir haben Probleme.** [vi:ɐ 'ha:bən pʀo'ble:mə]
Je suis perdu /perdue/	**Ich bin verloren.** [ɪç bɪn fɛɐ'lo:ʀən]
J'ai manqué le dernier bus (train).	**Ich habe den letzten Bus (Zug) verpasst.** [ɪç 'ha:bə den 'lɛtstən bʊs (tsu:k) fɛɐ'past]
Je n'ai plus d'argent.	**Ich habe kein Geld mehr.** [ɪç 'ha:bə kaɪn gɛlt me:ɐ]
J'ai perdu mon ...	**Ich habe mein ... verloren.** [ɪç 'ha:bə maɪn ... fɛɐ'lo:ʀən]
On m'a volé mon ...	**Jemand hat mein ... gestohlen.** ['je:mant hat maɪn ... gə'ʃto:lən]
passeport	**Reisepass** ['ʀaɪzəˌpas]
portefeuille	**Geldbeutel** ['gɛltˌbɔɪtəl]
papiers	**Papiere** [pa'pi:ʀə]
billet	**Fahrkarte** ['fa:ɐˌkaʀtə]
argent	**Geld** [gɛlt]
sac à main	**Tasche** ['taʃə]
appareil photo	**Kamera** ['kaməʀa]
portable	**Laptop** ['lɛptɔp]
ma tablette	**Tabletcomputer** ['tɛblət·kɔmˌpju:tɐ]
mobile	**Handy** ['hɛndi]
Au secours!	**Hilfe!** ['hɪlfə!]
Qu'est-il arrivé?	**Was ist passiert?** [vas ɪst pa'si:ɐt?]

un incendie	**Feuer** ['fɔɪɐ]
des coups de feu	**Schießerei** [ʃiːsəˈʀaɪ]
un meurtre	**Mord** [mɔʀt]
une explosion	**Explosion** [ɛksploˈzjoːn]
une bagarre	**Schlägerei** [ʃlɛːgəˈʀaɪ]

Appelez la police!	**Rufen Sie die Polizei!** ['ʀuːfən ziː di ˌpoliˈtsaɪ!]
Dépêchez-vous, s'il vous plaît!	**Schneller bitte!** ['ʃnɛlɐ 'bɪtə!]
Je cherche le commissariat de police.	**Ich suche nach einer Polizeistation.** [ɪç 'zuːχə naːχ 'aɪnə poliˈtsaɪʃtaˌtsjoːn]
Il me faut faire un appel.	**Ich muss einen Anruf tätigen.** [ɪç mʊs 'aɪnən 'anˌʀuːf 'tɛːtɪgən]
Puis-je utiliser votre téléphone?	**Kann ich Ihr Telefon benutzen?** [kan ɪç iːɐ teleˈfoːn bəˈnʊtsən?]

J'ai été …	**Ich wurde …** [ɪç 'vʀdə …]
agressé /agressée/	**ausgeraubt** ['aʊsgəˌʀaʊpt]
volé /volée/	**überfallen** [ˌyːbɐˈfalən]
violée	**vergewaltigt** [fɛɐgəˈvaltɪçt]
attaqué /attaquée/	**angegriffen** ['angəˌgʀɪfən]

Est-ce que ça va?	**Ist bei Ihnen alles in Ordnung?** [ist baɪ 'iːnən 'aləs ɪn 'ɔʀdnʊŋ?]
Avez-vous vu qui c'était?	**Haben Sie gesehen wer es war?** [haːbən ziː gəˈzeːən veːɐ ɛs vaːɐ?]
Pourriez-vous reconnaître cette personne?	**Sind Sie in der Lage die Person wiederzuerkennen?** [zɪnt ziː ɪn deːɐ lagə di pɛɐˈzoːn 'viːdɛtsuʔɛɐˌkɛnən?]
Vous êtes sûr?	**Sind sie sicher?** [zɪnt ziː 'zɪçɐ?]

Calmez-vous, s'il vous plaît.	**Beruhigen Sie sich bitte!** [bəˈʀuːɪgən ziː zɪç 'bɪtə!]
Calmez-vous!	**Ruhig!** ['ʀuːɪç!]
Ne vous inquiétez pas.	**Machen Sie sich keine Sorgen.** ['maχən ziː zɪç 'kaɪnə 'zɔʀgən]
Tout ira bien.	**Alles wird gut.** ['aləs vɪʀt guːt]

Ça va. Tout va bien.	**Alles ist in Ordnung.** ['aləs ist ɪn 'ɔʁdnʊŋ]
Venez ici, s'il vous plaît.	**Kommen Sie bitte her.** ['kɔmən zi: 'bɪtə he:ɐ]
J'ai des questions à vous poser.	**Ich habe einige Fragen für Sie.** [ɪç 'ha:bə 'aɪnɪgə 'fʁa:gən fy:ɐ zi:]
Attendez un moment, s'il vous plaît.	**Warten Sie einen Moment bitte.** ['vaʁtən 'aɪnən mɔ'mɛnt 'bɪtə]
Avez-vous une carte d'identité?	**Haben Sie einen Ausweis?** ['ha:bən zi: 'aɪnən 'aʊs‚vaɪs?]
Merci. Vous pouvez partir maintenant.	**Danke. Sie können nun gehen.** ['daŋkə. zi: 'kœnən nu:n 'ge:ən]
Les mains derrière la tête!	**Hände hinter dem Kopf!** ['hɛndə 'hɪntɐ dem kɔpf!]
Vous êtes arrêté!	**Sie sind verhaftet!** [zi: zɪnt fɛɐ'haftət!]

Problèmes de santé

Aidez-moi, s'il vous plaît.	**Helfen Sie mir bitte.** ['hɛlfən zi: mi:ɐ 'bɪtə]
Je ne me sens pas bien.	**Mir ist schlecht.** [mi:ɐ ɪs ʃlɛçt]
Mon mari ne se sent pas bien.	**Meinem Ehemann ist schlecht.** ['maɪnəm 'e:əman ist ʃlɛçt]
Mon fils ...	**Mein Sohn ...** [maɪn zo:n ...]
Mon père ...	**Mein Vater ...** [maɪn 'fa:tɐ ...]
Ma femme ne se sent pas bien.	**Meine Frau fühlt sich nicht gut.** ['maɪnə 'fʀaʊ fy:lt zɪç nɪçt gu:t]
Ma fille ...	**Meine Tochter ...** ['maɪnə 'tɔχtɐ ...]
Ma mère ...	**Meine Mutter ...** ['maɪnə 'mʊtɐ ...]
J'ai mal ...	**Ich habe ... schmerzen.** [ɪç 'ha:bə ... 'ʃmɛʀtsən]
à la tête	**Kopf-** [kɔpf]
à la gorge	**Hals-** [hals]
à l'estomac	**Bauch-** ['baʊχ]
aux dents	**Zahn-** [tsa:n]
J'ai le vertige.	**Mir ist schwindelig.** [mi:ɐ ɪs 'ʃvɪndəlɪç]
Il a de la fièvre.	**Er hat Fieber.** [e:ɐ hat 'fi:bɐ]
Elle a de la fièvre.	**Sie hat Fieber.** [zi: hat 'fi:bɐ]
Je ne peux pas respirer.	**Ich kann nicht atmen.** [ɪç kan nɪçt 'a:tmən]
J'ai du mal à respirer.	**Ich kriege keine Luft.** [ɪç 'kʀi:gə 'kaɪnə lʊft]
Je suis asthmatique.	**Ich bin Asthmatiker.** [ɪç bɪn ast'ma:tikɐ]
Je suis diabétique.	**Ich bin Diabetiker /Diabetikerin/** [ɪç bɪn dia'be:tikɐ /dia'be:tikəʀɪn/]

Je ne peux pas dormir.

Ich habe Schlaflosigkeit.
[ɪç 'ha:bə 'ʃla:flo:zɪçkaɪt]

intoxication alimentaire

Lebensmittelvergiftung
['le:bəns‚mɪtəl·fɛɐ‚gɪftʊŋ]

Ça fait mal ici.

Es tut hier weh.
[ɛs tʊt 'hi:ɐ ve:]

Aidez-moi!

Hilfe!
['hɪlfə!]

Je suis ici!

Ich bin hier!
[ɪç bɪn 'hi:ɐ!]

Nous sommes ici!

Wir sind hier!
[vi:ɐ zɪnt 'hi:ɐ!]

Sortez-moi d'ici!

Bringen Sie mich hier raus!
['bʀɪŋən zi: mɪç hi:ɐ 'ʀaʊs!]

J'ai besoin d'un docteur.

Ich brauche einen Arzt.
[ɪç 'bʀaʊχə 'aɪnən aʁtst]

Je ne peux pas bouger!

Ich kann mich nicht bewegen.
[ɪç kan mɪç nɪçt bə've:gən]

Je ne peux pas bouger mes jambes.

Ich kann meine Beine nicht bewegen.
[ɪç kan 'maɪnə 'baɪnə nɪçt bə've:gən]

Je suis blessé /blessée/

Ich habe eine Wunde.
[ɪç 'ha:bə 'aɪnə 'vʊndə]

Est-ce que c'est sérieux?

Ist es ernst?
[ist ɛs ɛʁnst?]

Mes papiers sont dans ma poche.

Meine Dokumente sind in meiner Hosentasche.
['maɪnə doku'mɛntə zɪnt ɪn 'maɪnə 'ho:zən‚taʃə]

Calmez-vous!

Beruhigen Sie sich!
[bə'ʀu:ɪgən zi: zɪç!]

Puis-je utiliser votre téléphone?

Kann ich Ihr Telefon benutzen?
[kan ɪç i:ɐ tele'fo:n bə'nʊtsən?]

Appelez une ambulance!

Rufen Sie einen Krankenwagen!
['ʀu:fən zi: 'aɪnən 'kʀaŋkən‚va:gən!]

C'est urgent!

Es ist dringend!
[ɛs ist 'dʀɪŋənt!]

C'est une urgence!

Es ist ein Notfall!
[ɛs ist aɪn 'no:t‚fal!]

Dépêchez-vous, s'il vous plaît!

Schneller bitte!
['ʃnɛlɐ 'bɪtə!]

Appelez le docteur, s'il vous plaît.

Können Sie bitte einen Arzt rufen?
['kœnən zi: 'bɪtə 'aɪnən aʁtst 'ʀu:fən?]

Où est l'hôpital?

Wo ist das Krankenhaus?
[vo: ist das 'kʀaŋkən‚haʊs?]

Comment vous sentez-vous?

Wie fühlen Sie sich?
[vi: 'fy:lən zi: zɪç?]

Est-ce que ça va?

Ist bei Ihnen alles in Ordnung?
[ist baɪ 'i:nən 'aləs ɪn 'ɔʁdnʊŋ?]

Qu'est-il arrivé?

Was ist passiert?
[vas ɪst pa'siːɐt?]

Je me sens mieux maintenant.

Mir geht es schon besser.
[miːɐ geːt ɛs ʃoːn 'bɛsɐ]

Ça va. Tout va bien.

Es ist in Ordnung.
[ɛs ist ɪn 'ɔʁdnʊŋ]

Ça va.

Alles ist in Ordnung.
['aləs ist ɪn 'ɔʁdnʊŋ]

À la pharmacie

pharmacie	**Apotheke** [apoˈteːkə]
pharmacie 24 heures	**24 Stunden Apotheke** [fiːɐ·ʊnˈtsvantsɪç ˈʃtʊndən apoˈteːkə]
Où se trouve la pharmacie la plus proche?	**Wo ist die nächste Apotheke?** [voː ist di ˈnɛːçstə apoˈteːkə?]
Est-elle ouverte en ce moment?	**Ist sie jetzt offen?** [ist ziː jɛtst ˈɔfən?]
À quelle heure ouvre-t-elle?	**Um wie viel Uhr öffnet sie?** [ʊm viːfiːl uːɐ ˈœfnət ziː?]
à quelle heure ferme-t-elle?	**Um wie viel Uhr schließt sie?** [ʊm viːfiːl uːɐ ʃliːst ziː?]
C'est loin?	**Ist es weit?** [ist ɛs vaɪt?]
Est-ce que je peux y aller à pied?	**Kann ich dort zu Fuß hingehen?** [kan ɪç dɔʁt tsu fuːs ˈhɪnˌgeːən?]
Pouvez-vous me le montrer sur la carte?	**Können Sie es mir auf der Karte zeigen?** [ˈkœnən ziː ɛs miːɐ aʊf deːɐ ˈkaʁtə ˈtsaɪgən?]
Pouvez-vous me donner quelque chose contre ...	**Bitte geben sie mir etwas gegen ...** [ˈbɪtə geːbn ziː miːɐ ˈɛtvas ˈgeːgən ...]
le mal de tête	**Kopfschmerzen** [ˈkɔpfʃmɛʁtsən]
la toux	**Husten** [ˈhuːstən]
le rhume	**eine Erkältung** [ˈaɪnə ɛɐˈkɛltʊŋ]
la grippe	**die Grippe** [di ˈgʁɪpə]
la fièvre	**Fieber** [ˈfiːbɐ]
un mal d'estomac	**Magenschmerzen** [ˈmaːgənʃmɛʁtsən]
la nausée	**Übelkeit** [ˈyːbəlkaɪt]
la diarrhée	**Durchfall** [ˈdʊʁçˌfal]
la constipation	**Verstopfung** [fɛɐˈʃtɔpfʊŋ]

un mal de dos	**Rückenschmerzen** ['rʏkən,ʃmɛʁtsən]
les douleurs de poitrine	**Brustschmerzen** ['brʊstʃmɛʁtsən]
les points de côté	**Seitenstechen** ['zaɪtən,ʃtɛçən]
les douleurs abdominales	**Bauchschmerzen** ['baʊχ,ʃmɛʁtsən]

une pilule	**Pille** ['pɪlə]
un onguent, une crème	**Salbe, Creme** ['zalbə, krɛːm]
un sirop	**Sirup** ['ziːrʊp]
un spray	**Spray** [ʃpreː]
les gouttes	**Tropfen** ['trɔpfən]

Vous devez allez à l'hôpital.	**Sie müssen ins Krankenhaus gehen.** [ziː 'mʏsən ɪns 'krankən,haʊs 'geːən]
assurance maladie	**Krankenversicherung** ['krankən·fɛɐ̯,zɪçərʊŋ]
prescription	**Rezept** [re'tsɛpt]
produit anti-insecte	**Insektenschutzmittel** [ɪn'zɛktən·'ʃʊts,mɪtəl]
bandages adhésifs	**Pflaster** ['pflastɐ]

Les essentiels

Excusez-moi, ...	**Entschuldigen Sie bitte, ...** [ɛnt'ʃʊldɪgən zi: 'bɪtə, ...]
Bonjour	**Hallo.** [ha'lo:]
Merci	**Danke.** ['daŋkə]
Au revoir	**Auf Wiedersehen.** [aʊf 'vi:dɐˌze:ən]
Oui	**Ja.** [ja:]
Non	**Nein.** [naɪn]
Je ne sais pas.	**Ich weiß nicht.** [ɪç vaɪs nɪçt]
Où? (~ es-tu?) | Où? (~ vas-tu?) | Quand?	**Wo? | Wohin? | Wann?** [vo:? | vo'hɪn? | van?]
J'ai besoin de ...	**Ich brauche ...** [ɪç 'bʀaʊχə ...]
Je veux ...	**Ich möchte ...** [ɪç 'mœçtə ...]
Avez-vous ... ?	**Haben Sie ...?** ['ha:bən zi: ...?]
Est-ce qu'il y a ... ici?	**Gibt es hier ...?** [gi:pt ɛs 'hi:ɐ ...?]
Puis-je ... ?	**Kann ich ...?** [kan ɪç ...?]
s'il vous plaît (pour une demande)	**Bitte** ['bɪtə]
Je cherche ...	**Ich suche ...** [ɪç 'zu:χə ...]
les toilettes	**Toilette** [toa'lɛtə]
un distributeur	**Geldautomat** ['gɛlt?'aʊtoˌma:t]
une pharmacie	**Apotheke** [apo'te:kə]
l'hôpital	**Krankenhaus** ['kʀaŋkənˌhaʊs]
le commissariat de police	**Polizeistation** [poli'tsaɪ·ʃtaˌtsjo:n]
une station de métro	**U-Bahn** ['u:ba:n]

un taxi	**Taxi** ['taksi]
la gare	**Bahnhof** ['baːnˌhoːf]

Je m'appelle …	**Ich heiße …** [ɪç 'haɪsə …]
Comment vous appelez-vous?	**Wie heißen Sie?** [vi: 'haɪsən zi:?]
Aidez-moi, s'il vous plaît.	**Helfen Sie mir bitte.** ['hɛlfən zi: miːɐ 'bɪtə]
J'ai un problème.	**Ich habe ein Problem.** [ɪç 'haːbə aɪn pʀo'bleːm]
Je ne me sens pas bien.	**Mir ist schlecht.** [miːɐ ɪs ʃlɛçt]
Appelez une ambulance!	**Rufen Sie einen Krankenwagen!** ['ʀuːfən zi: 'aɪnən 'kʀaŋkənˌvaːgən!]
Puis-je faire un appel?	**Darf ich telefonieren?** [daʁf ɪç telefo'niːʀən?]

Excusez-moi.	**Entschuldigung.** [ɛnt'ʃʊldɪgʊŋ]
Je vous en prie.	**Keine Ursache.** ['kaɪnə 'uːɐˌzaxə]

je, moi	**ich** [ɪç]
tu, toi	**du** [duː]
il	**er** [eːɐ]
elle	**sie** [ziː]
ils	**sie** [ziː]
elles	**sie** [ziː]
nous	**wir** [viːɐ]
vous	**ihr** [iːɐ]
Vous	**Sie** [ziː]

ENTRÉE	**EINGANG** ['aɪnˌgaŋ]
SORTIE	**AUSGANG** ['aʊsˌgaŋ]
HORS SERVICE | EN PANNE	**AUßER BETRIEB** [ˌaʊsɐ bə'tʀiːp]
FERMÉ	**GESCHLOSSEN** [gə'ʃlɔsən]

OUVERT

OFFEN
['ɔfən]

POUR LES FEMMES

FÜR DAMEN
[fy:ɐ 'damən]

POUR LES HOMMES

FÜR HERREN
[fy:ɐ 'hɛʀən]

MINI DICTIONNAIRE

Cette section contient
250 mots, utiles nécessaires
à la communication
quotidienne.
Vous y trouverez le nom
des mois et des jours.
Le dictionnaire contient
aussi des sujets aussi variés
que les couleurs, les unités
de mesure, la famille et plus

T&P Books Publishing

CONTENU DU DICTIONNAIRE

T&P Books Publishing

temps (m)	Zeit (f)	[tsaɪt]
heure (f)	Stunde (f)	['ʃtʊndə]
demi-heure (f)	eine halbe Stunde	['aɪnə 'halbə 'ʃtʊndə]
minute (f)	Minute (f)	[mi'nu:tə]
seconde (f)	Sekunde (f)	[ze'kʊndə]

aujourd'hui (adv)	heute	['hɔɪtə]
demain (adv)	morgen	['mɔʁgən]
hier (adv)	gestern	['gɛstɐn]

lundi (m)	Montag (m)	['mo:nta:k]
mardi (m)	Dienstag (m)	['di:nsta:k]
mercredi (m)	Mittwoch (m)	['mɪtvɔx]
jeudi (m)	Donnerstag (m)	['dɔnɐsta:k]
vendredi (m)	Freitag (m)	['fʁaɪta:k]
samedi (m)	Samstag (m)	['zamsta:k]
dimanche (m)	Sonntag (m)	['zɔnta:k]

jour (m)	Tag (m)	[ta:k]
jour (m) ouvrable	Arbeitstag (m)	['aʁbaɪtsˌta:k]
jour (m) férié	Feiertag (m)	['faɪɐˌta:k]
week-end (m)	Wochenende (n)	['vɔxənˌʔɛndə]

semaine (f)	Woche (f)	['vɔxə]
la semaine dernière	letzte Woche	['lɛtstə 'vɔxə]
la semaine prochaine	nächste Woche	['nɛ:çstə 'vɔxə]

| le matin | morgens | ['mɔʁgəns] |
| dans l'après-midi | nachmittags | ['na:xmɪˌta:ks] |

| le soir | abends | ['a:bənts] |
| ce soir | heute Abend | ['hɔɪtə 'a:bənt] |

| la nuit | nachts | [naxts] |
| minuit (f) | Mitternacht (f) | ['mɪtɐˌnaxt] |

janvier (m)	Januar (m)	['janua:ɐ]
février (m)	Februar (m)	['fe:bʁua:ɐ]
mars (m)	März (m)	[mɛʁts]
avril (m)	April (m)	[a'pʁɪl]
mai (m)	Mai (m)	[maɪ]
juin (m)	Juni (m)	['ju:ni]

| juillet (m) | Juli (m) | ['ju:li] |
| août (m) | August (m) | [aʊ'gʊst] |

septembre (m)	**September** (m)	[zɛp'tɛmbɐ]
octobre (m)	**Oktober** (m)	[ɔk'to:bɐ]
novembre (m)	**November** (m)	[no'vɛmbɐ]
décembre (m)	**Dezember** (m)	[de'tsɛmbɐ]

au printemps	**im Frühling**	[ɪm 'fʀy:lɪŋ]
en été	**im Sommer**	[ɪm 'zɔmɐ]
en automne	**im Herbst**	[ɪm hɛʀpst]
en hiver	**im Winter**	[ɪm 'vɪntɐ]

mois (m)	**Monat** (m)	['mo:nat]
saison (f)	**Saison** (f)	[zɛ'zɔŋ]
année (f)	**Jahr** (n)	[ja:ɐ]

2. Nombres. Adjectifs numéraux

zéro	**null**	[nʊl]
un	**eins**	[aɪns]
deux	**zwei**	[tsvaɪ]
trois	**drei**	[dʀaɪ]
quatre	**vier**	[fi:ɐ]

cinq	**fünf**	[fʏnf]
six	**sechs**	[zɛks]
sept	**sieben**	['zi:bən]
huit	**acht**	[aχt]
neuf	**neun**	[nɔɪn]
dix	**zehn**	[tse:n]

onze	**elf**	[ɛlf]
douze	**zwölf**	[tsvœlf]
treize	**dreizehn**	['dʀaɪtse:n]
quatorze	**vierzehn**	['fɪʀtse:n]
quinze	**fünfzehn**	['fʏnftse:n]

seize	**sechzehn**	['zɛçtse:n]
dix-sept	**siebzehn**	['zi:ptse:n]
dix-huit	**achtzehn**	['aχtse:n]
dix-neuf	**neunzehn**	['nɔɪntse:n]

vingt	**zwanzig**	['tsvantsɪç]
trente	**dreißig**	['dʀaɪsɪç]
quarante	**vierzig**	['fɪʀtsɪç]
cinquante	**fünfzig**	['fʏnftsɪç]

soixante	**sechzig**	['zɛçtsɪç]
soixante-dix	**siebzig**	['zi:ptsɪç]
quatre-vingts	**achtzig**	['aχtsɪç]
quatre-vingt-dix	**neunzig**	['nɔɪntsɪç]
cent	**einhundert**	['aɪnˌhʊndɐt]

deux cents	**zweihundert**	['tsvaɪˌhʊndɐt]
trois cents	**dreihundert**	['dʀaɪˌhʊndɐt]
quatre cents	**vierhundert**	['fi:ɐˌhʊndɐt]
cinq cents	**fünfhundert**	['fʏnfˌhʊndɐt]
six cents	**sechshundert**	[zɛksˌhʊndɐt]
sept cents	**siebenhundert**	['zi:bənˌhʊndɐt]
huit cents	**achthundert**	['aχtˌhʊndɐt]
neuf cents	**neunhundert**	['nɔɪnˌhʊndɐt]
mille	**eintausend**	['aɪnˌtaʊzənt]
dix mille	**zehntausend**	['tsenˌtaʊzənt]
cent mille	**hunderttausend**	['hʊndɐtˌtaʊzənt]
million (m)	**Million** (f)	[mɪ'ljo:n]
milliard (m)	**Milliarde** (f)	[mɪ'lɪaʁdə]

3. L'être humain. La famille

homme (m)	**Mann** (m)	[man]
jeune homme (m)	**Junge** (m)	['jʊŋə]
femme (f)	**Frau** (f)	[fʀaʊ]
jeune fille (f)	**Mädchen** (n)	['mɛ:tçən]
vieillard (m)	**Greis** (m)	[gʀaɪs]
vieille femme (f)	**alte Frau** (f)	['altə 'fʀaʊ]
mère (f)	**Mutter** (f)	['mʊtə]
père (m)	**Vater** (m)	['fa:tə]
fils (m)	**Sohn** (m)	[zo:n]
fille (f)	**Tochter** (f)	['tɔχtə]
frère (m)	**Bruder** (m)	['bʀu:də]
sœur (f)	**Schwester** (f)	['ʃvɛstə]
parents (m pl)	**Eltern** (pl)	['ɛltən]
enfant (m, f)	**Kind** (n)	[kɪnt]
enfants (pl)	**Kinder** (pl)	['kɪndə]
belle-mère (f)	**Stiefmutter** (f)	['ʃti:fˌmʊtə]
beau-père (m)	**Stiefvater** (m)	['ʃti:fˌfa:tə]
grand-mère (f)	**Großmutter** (f)	['gʀo:sˌmʊtə]
grand-père (m)	**Großvater** (m)	['gʀo:sˌfa:tə]
petit-fils (m)	**Enkel** (m)	['ɛŋkəl]
petite-fille (f)	**Enkelin** (f)	['ɛŋkəlɪn]
petits-enfants (pl)	**Enkelkinder** (pl)	['ɛŋkəlˌkɪndə]
oncle (m)	**Onkel** (m)	['ɔŋkəl]
tante (f)	**Tante** (f)	['tantə]
neveu (m)	**Neffe** (m)	['nɛfə]
nièce (f)	**Nichte** (f)	['nɪçtə]
femme (f)	**Frau** (f)	[fʀaʊ]

mari (m)	**Mann** (m)	[man]
marié (adj)	**verheiratet**	[fɛɐ'haɪʁaːtət]
mariée (adj)	**verheiratet**	[fɛɐ'haɪʁaːtət]
veuve (f)	**Witwe** (f)	['vɪtvə]
veuf (m)	**Witwer** (m)	['vɪtvɐ]
prénom (m)	**Vorname** (m)	['foːɐˌnaːmə]
nom (m) de famille	**Name** (m)	['naːmə]
parent (m)	**Verwandte** (m)	[fɛɐ'vantə]
ami (m)	**Freund** (m)	[fʁɔɪnt]
amitié (f)	**Freundschaft** (f)	['fʁɔɪntʃaft]
partenaire (m)	**Partner** (m)	['paʁtnɐ]
supérieur (m)	**Vorgesetzte** (m)	['foːɐgəˌzɛtstə]
collègue (m, f)	**Kollege** (m), **Kollegin** (f)	[kɔ'leːgə], [kɔ'leːgɪn]
voisins (m pl)	**Nachbarn** (pl)	['naχbaːɐn]

4. Le corps humain. L'anatomie

corps (m)	**Körper** (m)	['kœʁpɐ]
cœur (m)	**Herz** (n)	[hɛʁts]
sang (m)	**Blut** (n)	[bluːt]
cerveau (m)	**Gehirn** (n)	[gə'hɪʁn]
os (m)	**Knochen** (m)	['knɔχən]
colonne (f) vertébrale	**Wirbelsäule** (f)	['vɪʁbəlˌzɔɪlə]
côte (f)	**Rippe** (f)	['ʁɪpə]
poumons (m pl)	**Lungen** (pl)	['lʊŋən]
peau (f)	**Haut** (f)	[haʊt]
tête (f)	**Kopf** (m)	[kɔpf]
visage (m)	**Gesicht** (n)	[gə'zɪçt]
nez (m)	**Nase** (f)	['naːzə]
front (m)	**Stirn** (f)	[ʃtɪʁn]
joue (f)	**Wange** (f)	['vaŋə]
bouche (f)	**Mund** (m)	[mʊnt]
langue (f)	**Zunge** (f)	['tsʊŋə]
dent (f)	**Zahn** (m)	[tsaːn]
lèvres (f pl)	**Lippen** (pl)	['lɪpən]
menton (m)	**Kinn** (n)	[kɪn]
oreille (f)	**Ohr** (n)	[oːɐ]
cou (m)	**Hals** (m)	[hals]
œil (m)	**Auge** (n)	['aʊgə]
pupille (f)	**Pupille** (f)	[pu'pɪlə]
sourcil (m)	**Augenbraue** (f)	['aʊgənˌbʁaʊə]
cil (m)	**Wimper** (f)	['vɪmpɐ]
cheveux (m pl)	**Haare** (pl)	['haːʁə]

coiffure (f)	**Frisur** (f)	[ˌfʀiˈzuːɐ]
moustache (f)	**Schnurrbart** (m)	[ˈʃnuɐˌbaːɐt]
barbe (f)	**Bart** (m)	[baːɐt]
porter (~ la barbe)	**haben** (vt)	[haːbən]
chauve (adj)	**kahl**	[kaːl]

main (f)	**Hand** (f)	[hant]
bras (m)	**Arm** (m)	[aɐm]
doigt (m)	**Finger** (m)	[ˈfɪŋɐ]
ongle (m)	**Nagel** (m)	[ˈnaːgəl]
paume (f)	**Handfläche** (f)	[ˈhant·ˌflɛçə]

épaule (f)	**Schulter** (f)	[ˈʃʊltɐ]
jambe (f)	**Bein** (n)	[baɪn]
genou (m)	**Knie** (n)	[kniː]
talon (m)	**Ferse** (f)	[ˈfɛɐzə]
dos (m)	**Rücken** (m)	[ˈʀʏkən]

5. Les vêtements. Les accessoires personnels

vêtement (m)	**Kleidung** (f)	[ˈklaɪdʊŋ]
manteau (m)	**Mantel** (m)	[ˈmantəl]
manteau (m) de fourrure	**Pelzmantel** (m)	[ˈpɛltsˌmantəl]
veste (f) (~ en cuir)	**Jacke** (f)	[ˈjakə]
imperméable (m)	**Regenmantel** (m)	[ˈʀeːgənˌmantəl]

chemise (f)	**Hemd** (n)	[hɛmt]
pantalon (m)	**Hose** (f)	[ˈhoːzə]
veston (m)	**Jackett** (n)	[ʒaˈkɛt]
complet (m)	**Anzug** (m)	[ˈanˌtsuːk]

robe (f)	**Kleid** (n)	[klaɪt]
jupe (f)	**Rock** (m)	[ʀɔk]
tee-shirt (m)	**T-Shirt** (n)	[ˈtiːˌʃøːɐt]
peignoir (m) de bain	**Bademantel** (m)	[ˈbaːdəˌmantəl]
pyjama (m)	**Schlafanzug** (m)	[ˈʃlaːfʔanˌtsuːk]
tenue (f) de travail	**Arbeitskleidung** (f)	[ˈaɐbaɪtsˌklaɪdʊŋ]

sous-vêtements (m pl)	**Unterwäsche** (f)	[ˈʊntɐˌvɛʃə]
chaussettes (f pl)	**Socken** (pl)	[ˈzɔkən]
soutien-gorge (m)	**Büstenhalter** (m)	[ˈbystənˌhaltɐ]
collants (m pl)	**Strumpfhose** (f)	[ˈʃtʀʊmpfˌhoːzə]
bas (m pl)	**Strümpfe** (pl)	[ˈʃtʀʏmpfə]
maillot (m) de bain	**Badeanzug** (m)	[ˈbaːdəˌʔantsuːk]

chapeau (m)	**Mütze** (f)	[ˈmʏtsə]
chaussures (f pl)	**Schuhe** (pl)	[ˈʃuːə]
bottes (f pl)	**Stiefel** (pl)	[ˈʃtiːfəl]
talon (m)	**Absatz** (m)	[ˈapˌzats]
lacet (m)	**Schnürsenkel** (m)	[ˈʃnyːɐˌsɛŋkəl]

cirage (m)	**Schuhcreme** (f)	[ˈʃuːˌkʀɛːm]
gants (m pl)	**Handschuhe** (pl)	[ˈhantˌʃuːə]
moufles (f pl)	**Fausthandschuhe** (pl)	[ˈfaʊstˌhantʃuːə]
écharpe (f)	**Schal** (m)	[ʃaːl]
lunettes (f pl)	**Brille** (f)	[ˈbʀɪlə]
parapluie (m)	**Regenschirm** (m)	[ˈʀeːɡənʃɪʀm]
cravate (f)	**Krawatte** (f)	[kʀaˈvatə]
mouchoir (m)	**Taschentuch** (n)	[ˈtaʃənˌtuːx]
peigne (m)	**Kamm** (m)	[kam]
brosse (f) à cheveux	**Haarbürste** (f)	[ˈhaːɐˌbʏʀstə]
boucle (f)	**Schnalle** (f)	[ˈʃnalə]
ceinture (f)	**Gürtel** (m)	[ˈɡʏʀtəl]
sac (m) à main	**Handtasche** (f)	[ˈhantˌtaʃə]

6. La maison. L'appartement

appartement (m)	**Wohnung** (f)	[ˈvoːnʊŋ]
chambre (f)	**Zimmer** (n)	[ˈtsɪmɐ]
chambre (f) à coucher	**Schlafzimmer** (n)	[ˈʃlaːfˌtsɪmɐ]
salle (f) à manger	**Esszimmer** (n)	[ˈɛsˌtsɪmɐ]
salon (m)	**Wohnzimmer** (n)	[ˈvoːnˌtsɪmɐ]
bureau (m)	**Arbeitszimmer** (n)	[ˈaʀbaɪtsˌtsɪmɐ]
antichambre (f)	**Vorzimmer** (n)	[ˈfoːɐˌtsɪmɐ]
salle (f) de bains	**Badezimmer** (n)	[ˈbaːdəˌtsɪmɐ]
toilettes (f pl)	**Toilette** (f)	[toaˈlɛtə]
aspirateur (m)	**Staubsauger** (m)	[ˈʃtaʊpˌzaʊɡɐ]
balai (m) à franges	**Schrubber** (m)	[ˈʃʀʊbɐ]
torchon (m)	**Lappen** (m)	[ˈlapən]
balayette (f) de sorgho	**Besen** (m)	[ˈbeːzən]
pelle (f) à ordures	**Kehrichtschaufel** (f)	[ˈkeːʀɪçtʃaʊfəl]
meubles (m pl)	**Möbel** (n)	[ˈmøːbəl]
table (f)	**Tisch** (m)	[tɪʃ]
chaise (f)	**Stuhl** (m)	[ʃtuːl]
fauteuil (m)	**Sessel** (m)	[ˈzɛsəl]
miroir (m)	**Spiegel** (m)	[ˈʃpiːɡəl]
tapis (m)	**Teppich** (m)	[ˈtɛpɪç]
cheminée (f)	**Kamin** (m)	[kaˈmiːn]
rideaux (m pl)	**Vorhänge** (pl)	[ˈfoːɐhɛŋə]
lampe (f) de table	**Tischlampe** (f)	[ˈtɪʃlampə]
lustre (m)	**Kronleuchter** (m)	[ˈkʀoːnˌlɔɪçtɐ]
cuisine (f)	**Küche** (f)	[ˈkʏçə]
cuisinière (f) à gaz	**Gasherd** (m)	[ˈɡaːsˌheːɐt]
cuisinière (f) électrique	**Elektroherd** (m)	[eˈlɛktʀoˌheːɐt]

four (m) micro-ondes	**Mikrowellenherd** (m)	['mikʁovɛlənˌheːɐt]
réfrigérateur (m)	**Kühlschrank** (m)	['kyːlʃʁaŋk]
congélateur (m)	**Tiefkühltruhe** (f)	['tiːfkyːlˌtʁuːə]
lave-vaisselle (m)	**Geschirrspülmaschine** (f)	[gə'ʃɪʁ·ʃpyːl·maˌʃiːnə]
robinet (m)	**Wasserhahn** (m)	['vasɐˌhaːn]
hachoir (m) à viande	**Fleischwolf** (m)	['flaɪʃvɔlf]
centrifugeuse (f)	**Saftpresse** (f)	['zaftˌpʁɛsə]
grille-pain (m)	**Toaster** (m)	['toːstɐ]
batteur (m)	**Mixer** (m)	['mɪksɐ]
machine (f) à café	**Kaffeemaschine** (f)	['kafe·maˌʃiːnə]
bouilloire (f)	**Wasserkessel** (m)	['vasɐˌkɛsəl]
théière (f)	**Teekanne** (f)	['teːˌkanə]
téléviseur (m)	**Fernseher** (m)	['fɛʁnˌzeːɐ]
magnétoscope (m)	**Videorekorder** (m)	['video·ʁeˌkɔʁdɐ]
fer (m) à repasser	**Bügeleisen** (n)	['byːgəlˌʔaɪzən]
téléphone (m)	**Telefon** (n)	[tele'foːn]